Gaëtan Il Mammone, drame en cinq actes, par M. F. Soulié.
Le Bourgeois grand seigneur, comédie en trois actes et en prose.

LA FRANCE
DRAMATIQUE
AU DIX-NEUVIÈME SIÈCLE,
Choix de Pièces Modernes.

PIERRE LE NOIR,
DRAME EN CINQ ACTES ET SIX TABLEAUX.

C. T.

782—783.

PARIS.
C. TRESSE, ÉDITEUR,
ACQUÉREUR DES FONDS DE J.-N. BARBA ET V. BEZOU,
SEUL PROPRIÉTAIRE DE LA FRANCE DRAMATIQUE,
PALAIS-ROYAL, GALERIE DE CHARTRES, Nos 2 ET 3,
Derrière le Théâtre-Français.

1842.

PIERRE LE NOIR,

OU

LES CHAUFFEURS,

DRAME EN CINQ ACTES ET SIX TABLEAUX,
PAR MM. DINAUX ET EUGÈNE SUE.

Représenté pour la première fois, à Paris, sur le théâtre de la Gaîté,
le 3 novembre 1842.

DISTRIBUTION DE LA PIÈCE.

PIERRE LENOIR, chef des chauffeurs...............	MM. SAINT-MARC.
ANDRÉ, meunier...............	DESHAYES.
LE CURÉ FRANVAL...............	DELAISTRE.
GAUFFRÉ, vieux chauffeur...............	NEUVILLE.
OCULI, sonneur-bedeau...............	FRANCISQUE jeune.
BRINDAVOINE, garçon meunier...............	CHARLET.
ROLAND, chauffeur, valet de Pierre le Noir...............	EDOUARD.
MAX...............	EUGÈNE.
PIERRE, garçon meunier...............	AMELINE.
LENDORMI, petit berger...............	Mmes GAUTHIER.
Mme DUMOUTIER...............	STÉPHANIE.
MARIANNE...............	ROUGEMONT.
GARÇONS MEUNIERS.	
CHAUFFEURS.	
DOMESTIQUES.	
GARDES.	

NOTA. Les indications sont prises du public.

ACTE PREMIER.

Chambre intérieure d'un moulin. A gauche, au premier plan, porte communiquant à la chambre de Mme Dumoutier. A droite, au premier plan, porte allant à la salle de veillée; du même côté, au troisième plan, petit escalier descendant au rez-de-chaussée et montant au deuxième étage. Au fond et au milieu, porte donnant sur l'esplanade. Près la porte d'entrée à gauche, contre le mur, ratelier, où sont des fusils de diverses grandeurs, des faux, des fourches; à côté du ratelier, une grande croisée.

SCÈNE I.

(Au lever du rideau, quatre garçons meuniers rangent et mettent en ordre, Brindavoine descend l'escalier.)

BRINDAVOINE, garçons meuniers, puis OCULI; on entend le tic-tac du moulin.

BRINDAVOINE, ouvrant la fenêtre du fond, criant à l'extérieur.

Pliez les toiles, le vent devient trop fort, et tout le monde dans la chambre de la veillée. (Le tic-tac cesse.—Aux garçons.) Vous autres, M. André vous ordonne de voir si tous les fusils de ce ratelier sont en bon état. (Les garçons prennent les fusils placés dans le ratelier, les nettoient et les visitent.—A part.) Si je n'avais pas si peur de lui, j'en démonterais bien tous les chiens; mais c'est un jeune gaillard avec lequel il ne faut pas plaisanter. (Haut.) Tiens! voilà Oculi et son serpent.*

* Oculi, Brindavoine, garçons au fond.

OCULI, arrivant par la porte du fond, son serpent sous le bras.

Chacun les insignes de ses fonctions; toi, tu as une veste blanche et la figure enfarinée, parce que tu es garçon meunier de Mme Dumoutier; moi, comme sonneur, je ne peux pas porter mes cloches, c'est trop lourd; comme gardien du cimetière, je ne peux pas porter ma bêche, c'est trop triste; mais, comme sacristain, bedeau et attaché au service de M. le curé Franval, je porte mon serpent que j'aime.

BRINDAVOINE.

Il y a de quoi, un serpent qui gémit comme un bœuf qui a la coqueluche... Je crois que j'aimerais encore mieux tes mauvaises cloches.

OCULI.

Respect à Saperlotte et à Cabriole.

BRINDAVOINE.

Peut-on appeler des cloches Saperlotte et Cabriole.

OCULI.

M. le curé Franval me l'a permis; c'est mon chef.

BRINDAVOINE.

Un curé qui a été dragon.

OCULI.

Et qui a une poigne et un creux; d'une main, il met Saperlotte à toute volée, et une fois il a soufflé dans Benoît, il a fendu .... Benoît.

BRINDAVOINE.

Comment, il a fendu Benoît?

OCULI, montrant son serpent.

Ceci... ceci..

BRINDAVOINE.

Comment, tu baptises ton serpent?

OCULI.

Je baptise tous mes ustensiles; mon couteau, je l'appelle Alexis; ma bêche, Radegonde: ça m'est plus commode... Je dis: tiens, Alexis est ébréché; ou bien, il manque un manche à Radegonde et une embouchure à Benoît... Je me comprends mieux. Si je n'avais pas peur des armes à feu, j'aurais un fusil, et je l'appellerais Eléonore...

BRINDAVOINE.

Allons, M. le curé fait bien d'avoir du courage et de la force pour deux, car, sans ça, dans le presbytère, tu mourrais de peur.

OCULI.

Je ne m'en défends pas, je m'en fais même gloire; parce que ma peur vient de ce que j'ai vu le danger de près... Chaque échaudé craint l'eau froide... Tu n'étais pas, il y a huit ans, dans la ferme du père Lendormi, quand les chauffeurs...

(Les garçons meuniers occupés au fond jusqu'à ce moment, replacent les fusils dans le ratelier et viennent écouter.)

BRINDAVOINE.

Bah! les chauffeurs...

OCULI.

Il ne faut pas dire: Bah! les chauffeurs... tu aurais l'air de n'y pas croire.

BRINDAVOINE.

Eh! non, je n'y crois pas.

OCULI et LES GARÇONS.

Tu n'y crois pas?

BRINDAVOINE.

Dans le pays, du moins.

OCULI.

Et la troupe de Jean l'Écorcheur.

BRINDAVOINE.

Elle est à vingt lieues d'ici, du côté du Rhin.

OCULI.

Et celle de Pierre le Noir qui rôde dans le pays.

BRINDAVOINE.

Qui est-ce qui l'a vu, Pierre Lenoir?

OCULI.

Personne... Et c'est bien plus effrayant.

BRINDAVOINE.

Allons, tu es fou.

OCULI.

Mais, si on ne l'a pas vu, on le connaît Pierre le Noir; on sait qu'il est fidèle à sa parole comme un honnête homme, et féroce comme un tigre. Tout le monde parle de sa montre qu'il prend pour dire à ses bandits: « Dans une demi-heure, il me faut trois têtes; dans six heures, quatre châteaux. » Heureusement, comme le gouvernement veut en finir avec la troupe de Jean l'Écorcheur, il l'a envoyé cerner par un régiment de hussards; si elle se réfugie dans les bois, elle peut venir de notre côté, et c'est pour cela que tout le monde s'est mis sur ses gardes, et que, M. André, qui n'aime pas les chauffeurs plus que moi, mais qui n'en a pas peur, a mis en si bonne défense le moulin qui est comme la forteresse du village.

BRINDAVOINE.

Laisse-moi donc tranquille, je sais tout ça aussi bien que toi... Mais, qu'est-ce que tu viens faire ici.

OCULI.

Je viens dire à Mme Dumoutier, la mère de M. André, que M. le curé Franval viendra souper tout-à-l'heure avec elle, parce qu'il a à lui parler.

BRINDAVOINE.

C'est bien, je vais le dire à madame...*
(Il passe à gauche, et vient parler à un garçon qui entre chez Mme Dumoutier.)

OCULI, à lui-même.

Et moi, comme j'ai peur quand je suis seul, je viens assister à la veillée du moulin, et, si Benoît peut être agréable à la société....

BRINDAVOINE.

Tu y viens de bonne heure à la veillée.

* Brindavoine, Oculi.

ACTE I, SCÈNE II.

OCULI.

J'aime pas sortir la nuit; le cri de ces vilains hibous, qui, depuis quelque temps, peuplent le pays, me donne la petite mort; puis, voilà quatre jours de suite qu'à la brune, on voit le loup enragé qui, la semaine dernière a pris un mouton à Jean Lendormi, le fils de ce pauvre père Lendormi que les chauffeurs...

BRINDAVOINE.

En voilà une bête encore, ton Jean Lendormi.

OCULI.

Brindavoine, vous avez raison de dire qu'il est bête; mais, vous avez tort de dire, en voilà encore une, et ça en me regardant.

BRINDAVOINE.

C'est vrai, il est plus bête que toi.

OCULI.

A la bonne heure, il faut être juste. (Il remonte.)

BRINDAVOINE, à lui-même.

Et puis, fainéant... il ne dit pas quatre paroles par jour, se traînant comme un colimaçon, si ce n'est que ses gros sabots font plus de bruit.

OCULI, qui a remonté à la porte du fond.

Tiens! v'là Timoléon.

BRINDAVOINE.

Timoléon!

OCULI.

Timoléon, l'âne du corbeau.

BRINDAVOINE.

Qu'est-ce que c'est que ça?

OCULI.

L'auberge du Corbeau, à une lieue d'ici, que tient le père Gauffré... C'est l'âne à Gauffré, Timoléon; en voilà un qui est têtu et qui rue!

BRINDAVOINE.

Le père Gauffré?

OCULI.

Aussi; mais il ne rue pas comme son âne; il rue en avant... Il m'a souvent rué... je ne sais pas si c'est parce que je ne peux pas le souffrir, mais je le déteste le père Gauffré, avec son air câlin. Je suis sûr qu'intérieurement, c'est un vrai âne rouge...

SCÈNE II.

LES MÊMES, GAUFFRÉ, MARIANNE, arrivant par le fond.

BRINDAVOINE.

Ah! le voilà qui monte l'escalier avec sa fille, Mlle Marianne.

OCULI.

Ah! celle-là, à la bonne heure, il y a du plaisir à la regarder... C'est pas possible qu'elle soit la fille d'un si vilain père.

(Gauffré et Marianne entrent.)

GAUFFRÉ.

Bonjour mes amis, mes bons amis.

BRINDAVOINE ET OCULI.

Bonjour père Gauffré, bonjour mademoiselle Marianne.

(Les garçons saluent puis sortent, deux par la salle de la veillée, le troisième par l'escalier.)

MARIANNE.

Bonjour monsieur Oculi, comment va Cabriole?

OCULI.

Prête à carillonner votre mariage, mademoiselle Marianne, et Saperlotte aussi.

GAUFFRÉ.

Eh bien! qu'est-ce qu'il y a de nouveau?

BRINDAVOINE, avec des signes d'intelligence.

Vous savez, père Gauffré, que nous avons un prisonnier au moulin.

MARIANNE.

Un prisonnier!

GAUFFRÉ.

Oui, c'est ce qu'on m'a dit, un jeune bourgeois qui venait souvent dans ce pays. (Feignant de chercher un nom.) N'est-ce pas Mars... Max que vous l'appelez?

MARIANNE.

Est-ce que c'est lui que M. André a arrêté hier?

OCULI.

Justement et avec fameusement de courage; ce Max à ce qu'il paraît est un brigand fini; il ne voulait pas se laisser arrêter du tout... Il a tiré un coup de pistolet à M. André.

MARIANNE.

Ah! mon Dieu!

OCULI.

N'ayez pas peur; c'est comme s'il avait soufflé dans Benoît par le gros bout; M. André vous lui a saisi les bras comme dans un étau; on vous l'a garrotté et amené ici, où on le garde dans la salle du bas, jusqu'à ce que la prison du village soit mise en état.

GAUFFRÉ, avec intention.

Et qu'est-ce qu'il dit, le prisonnier?

BRINDAVOINE, avec intention.

Rien du tout.

GAUFFRÉ, avec intention, et après un soupir.

Ma foi, c'est ce qu'il a de mieux à faire... mais nous n'avons pas trop de temps avant la nuit.... Nous venons apporter notre quartier de bail à Mme Dumoutier..... mais, si elle est occupée, Brindavoine, ne la dérange pas; nous pouvons très bien compter notre argent à M. André. (Bas.) Je préfère même ça; c'est lui qu'il faut avertir.

BRINDAVOINE.

Je vais le prévenir; il est là-haut.

OCULI.

Moi, je m'en vais attendre la veillée, bras dessus, bras dessous avec Benoît.

(Brindavoine monte par le petit escalier de droite Oculi entre à la veillée.)

SCÈNE III.
MARIANNE, GAUFFRÉ.*

GAUFFRÉ.

Dis donc, Marianne, je voulais te dire quelque chose pendant la route, mais tu regardais le coucher du soleil et tu paraissais plongée dans de petites idées... je n'ai pas voulu déranger tes petites idées.

MARIANNE.

Vous savez pourtant, mon père, que je suis toujours prête à vous écouter.

GAUFFRÉ.

C'est vrai, si tu n'es pas caressante, au moins tu es obéissante... Eh bien, voilà ce que c'est. Nous devons par quartier 450 livres à Mme Dumoutier, et dans ce sac il n'y en a que 280.

MARIANNE.

Mais, mon père, la dernière fois, vous ne m'en avez déjà fait remettre que 300; vous avez complété depuis...

GAUFFRÉ.

Sans doute, sans doute. (A part.) Touchante naïveté ! elle ne comprend pas que le premier principe dans l'art de prendre, c'est de ne pas donner.

MARIANNE.

On descend, je crois.

GAUFFRÉ, lui remettant le sac.

Je suis inquiet de la voiture. Je reviens. (A part.) Ne les perdons pas de vue.

(Il sort un moment par le fond, puis, lorsqu'André est descendu, il vient se placer au pied de l'escalier, caché par la rampe.)

SCÈNE IV.

ANDRÉ, MARIANNE, GAUFFRÉ**, caché d'abord.

ANDRÉ.

Comment, mademoiselle Marianne, vous êtes assez gentille pour me faire demander.

MARIANNE.

Moi, monsieur André... Mais, non, je vous assure... Je croyais que Mme Dumoutier.

ANDRÉ.

Qu'est donc venu me dire Brindavoine... Quel dommage que vous m'ayez détrompé.

MARIANNE.

Il aura mal entendu,... car c'est pour une affaire...

ANDRÉ, avec un soupir.

Eh bien! parlons affaire.

MARIANNE.

Le quartier de notre bail est échu.

* Marianne, Gauffré.
* Marianne, André, Gauffré caché.

ANDRÉ, la regardant sans l'écouter.

Ah ! c'est échu.

MARIANNE, souriant de son inattention.

Eh! oui, puisque nous sommes aujourd'hui la saint Martin.

ANDRÉ, même jeu.

Ah! c'est la saint Martin.

MARIANNE.

Un mauvais jour pour bien du monde.

ANDRÉ.

Pas pour moi.

GAUFFRÉ, à part.

Ça va bien.

MARIANNE.

Mais mon père n'est pas riche comme vous.

ANDRÉ.

Je suis riche alors tous les jours, mais tous les jours je ne suis pas content comme aujourd'hui.

MARIANNE.

Au lieu de 450 fr., mon père n'a pu réunir que 280 fr., et je suis toute honteuse de venir....

ANDRÉ.

Ne soyez pas honteuse, et puisque vous me défendez d'aller vous voir, venez...

MARIANNE.

Mais il manque dans le sac, 170 francs.

ANDRÉ.

Qu'il manque tout ce qu'il voudra, mais venez toujours.

(Il va s'asseoir près d'une table placée à sa gauche et sur laquelle est un registre où il inscrit le paiement.)

GAUFFRÉ, à part.

J'aurais pu ne mettre que 200 francs, imbécile que je suis...

MARIANNE.

Mon Dieu, monsieur André, vous êtes bien bon. Croyez que nous sommes bien reconnaissans.

ANDRÉ.

Vous appelez cela de la bonté, et vous ne me donnez que de la reconnaissance.

GAUFFRÉ, s'avançant à part.

Un instant, le tour est fait, et ça devient trop tendre, ça ne me va plus.

MARIANNE, apercevant Gauffré et allant à lui.

Mon père, remerciez avec moi monsieur André.

ANDRÉ, à part.

Ah ! quand il paraît, lui, mes illusions s'en vont.

GAUFFRÉ.

Comment ! vraiment, monsieur André, vous consentez à cette diminution de notre bail.

MARIANNE, bas.

Mais vous ne m'aviez parlé que d'un délai.

GAUFFRÉ, bas.

C'est vrai, mais si on peut régler tout, tout de suite.

ANDRÉ.

Oui, monsieur Gauffré, j'arrangerai tout cela avec ma mère.

* Marianne, Gauffré, André

ACTE I, SCÈNE VI.

GAUFFRÉ, à part.

Rabattons maintenant les espérances du meunier. (Haut.) Eh bien ! vrai, Marianne, tu n'es pas assez reconnaissante.

ANDRÉ.

Comment !

GAUFFRÉ.

Non, jamais elle ne me parle de vous, et elle parle souvent du baron Spachman, qui ne nous a pas rendu le quart des services....

ANDRÉ, se levant.

Du baron ?

MARIANNE.

Mais mon père....

GAUFFRÉ.

Que veux-tu, il faut que je le dise ; M. André ne vient jamais à la maison, c'est vrai, alors je ne sais pas comment tu le recevrais, mais tu reçois sans embarras le baron Spachman, et quand tu es devant M. André, tu as l'air de désirer t'en aller. Brave jeune homme ! il n'a rien fait pour mériter cela.

ANDRÉ, à part.

Il ne sait pas comme il me fait mal.

MARIANNE.

Mon père...

oooooooooooooooooooooooooooooooooooo

SCÈNE V.

LES MÊMES, BRINDAVOINE, PIERRE, GARÇONS MEUNIERS.

VOIX dans le petit escalier intérieur.

Monsieur André ! monsieur André !

ANDRÉ.

Qu'y a-t-il donc ? Pourquoi ces cris ? (Les garçons arrivent du dessous en montant l'escalier. Ils amènent bruyamment Brindavoine qui paraît interdit.)

PIERRE, poussant Brindavoine qui est pâle et ne veut pas avancer.

Mais va donc, c'est toi qui as la parole.

ANDRÉ.

Parle, Brindavoine.

GAUFFRÉ, à part, regardant Brindavoine.

Il y a quelque chose.

GARÇONS MEUNIERS, à Brindavoine.

Dis donc, dis donc !

BRINDAVOINE, avec hésitation.

Monsieur André, on vous demande en bas.

ANDRÉ.

Qui donc ?

BRINDAVOINE, avec une hésitation croissante.

Le prisonnier.

GARÇONS MEUNIERS.

Oui, le prisonnier.

** Gauffré, Marianne, André, Brindavoine, Pierre ; les quatre garçons entourant Brindavoine.

GAUFFRÉ, à part.

Max !

ANDRÉ.

Que me veut-il ?

BRINDAVOINE.

Il dit... il dit...

GARÇONS MEUNIERS.

Achève donc....

ANDRÉ.

Que dit-il ?

BRINDAVOINE, avec une peine extrême.

Il promet de faire des révélations aux magistrats.

GAUFFRÉ, à part.

Des révélations... lui ! Il peut me perdre.

BRINDAVOINE.

Et il veut avant tout vous parler.

ANDRÉ.

A moi ?

BRINDAVOINE.

A vous seul.

ANDRÉ.

J'y vais. Adieu, mademoiselle Marianne.

GARÇONS MEUNIERS, à André.

Venez, venez, monsieur André. (André descend.)

PIERRE et GARÇONS MEUNIERS, à Brindavoine.

Eh bien, tu restes là !... Il ne sait plus parler ; il ne sait plus marcher ; il est comme Lendormi. Va donc, va donc ! (Ils le forcent à descendre avec eux.)

oooooooooooooooooooooooooooooooooooo

SCÈNE VI.

GAUFFRÉ, MARIANNE.

(Marianne, triste et pensive, va s'asseoir près de la table, Gauffré suit de l'œil, avec inquiétude, la sortie d'André.)

GAUFFRÉ, à part.

J'aurais dû me méfier de Max ; pas de force, et pas de finesse... Je ne peux plus rien sur lui.... mais je puis encore sur cet André... Maladroit, je viens de le désespérer... Il est peut-être encore temps. (Haut, se rapprochant de Marianne.) Comme te voilà toute réfléchissante, Marianne.

MARIANNE.

C'est que M. André avait l'air bien triste.

GAUFFRÉ.

C'est peut-être la position de Max qui l'intéresse.

MARIANNE.

Je ne crois pas.

GAUFFRÉ.

Alors, qu'est-ce qu'il peut donc avoir ?

MARIANNE.

Vous lui avez dit que j'aimais mieux le baron Spachman.

GAUFFRÉ.

C'est vrai, ma franchise m'a emporté.

MARIANNE, se levant.

Mais, mon père, je ne suis pas ingrate.

GAUFFRÉ, avec un feint étonnement.

Non! Mon Dieu, est-ce que par hasard je serais tombé dans une grande erreur? Réponds-moi en toute franchise.

MARIANNE.

Je ne demande pas mieux.

GAUFFRÉ.

Pourquoi André ne vient-il jamais nous voir?
(La nuit vient doucement.)

MARIANNE.

Parce que vous m'aviez défendu de le recevoir.

GAUFFRÉ.

Vraiment! c'est donc un jour que j'aurai voulu te faire plaisir.

MARIANNE.

Ça m'a fait beaucoup de peine.

GAUFFRÉ.

Mais cet embarras dont je parlais tout à l'heure, c'est pourtant bien vrai.

MARIANNE.

C'est que, quand je vois le baron Spachman, ça m'est égal, et quand je vois M. André... ça ne m'est pas égal.

GAUFFRÉ.

On n'est pas plus bête que moi. Et a-t-il quelquefois pris ta main?

MARIANNE.

Une fois.

GAUFFRÉ.

Qu'est-ce que cela t'a fait?

MARIANNE.

Ça m'a répondu jusqu'ici. (Mettant la main sur son cœur.)

GAUFFRÉ.

Ah! je suis un misérable! De l'ingratitude!... mais c'est de l'amour.

MARIE, vivement.

De l'amour!

GAUFFRÉ.

Comme j'ai trompé ce pauvre André!...

MARIANNE.

Mais ne peut-on le désabuser?...

GAUFFRÉ.

Sans doute; il le faut même, mais aujourd'hui c'est impossible.

MARIANNE.

Je l'entends, je crois, qui monte.

GAUFFRÉ, regardant à la croisée.

Voilà le temps qui se gâte, et la nuit est venue, il faut vite que j'attèle Timoléon. Viens me rejoindre dans un quart d'heure. (A part.) Max peut dire à André tout ce qu'il voudra.

(Il sort par la porte du fond, au moment où il disparaît, André arrive en scène par le petit escalier.)

SCÈNE VII.

ANDRÉ, MARIANNE.*

ANDRÉ, à deux garçons qui arrivent avec lui.

Il va faire de l'orage. Lendormi n'est pas encore rentré avec le troupeau; voyez donc si vous apercevrez ce pauvre garçon. (Les meuniers sortent, après avoir posé sur la table une lumière qu'ils ont apportée; la scène se trouve éclairée.) Ah! vous êtes encore là, mademoiselle Marianne!

MARIANNE, gaîment.

Oui, monsieur André.

ANDRÉ, tristement.

Je ne vous ai jamais vu un air si joyeux.

MARIANNE.

C'est que jamais je n'ai été plus contente.

ANDRÉ.

Est-ce de ce que votre père disait tout à l'heure?

MARIANNE.

Justement!

ANDRÉ.

Ah! vous êtes bien cruelle!

MARIANNE.

Mais écoutez donc! Mon père, après que vous êtes parti, m'a vue triste comme vous l'étiez, il m'a interrogée avec bien plus de bonté qu'à l'ordinaire; j'ai osé répondre, et il a découvert qu'il s'était complétement trompé.

ANDRÉ.

Comment!

MARIANNE.

Que je n'étais pas ingrate du tout, et qu'au contraire...

ANDRÉ.

Achevez...

MARIANNE.

Je vous aimais!

ANDRÉ.

Marianne! Marianne! Savez-vous bien ce que vous me dites là?

MARIANNE.

Mais ça doit vous être agréable, car j'ai bien du bonheur à vous le dire.

ANDRÉ.

Mais savez-vous que moi aussi je vous aime!

MARIANNE.

Oh! ça, je l'avais deviné toute seule.

SCÈNE VIII.

LES MÊMES, le CURÉ FRANVAL.

FRANVAL, entrant du fond et secouant son chapeau.

Diable de temps... comme j'aurais dit quand j'étais soldat.

* André, Marianne.

ANDRÉ, MARIANNE, allant gaîment ensemble vers le curé.

Ah! monsieur Franval! monsieur le curé!

FRANVAL.

Eh bien, qu'y a-t-il, mes enfans? vous voilà gais comme pinsons.

ANDRÉ.

C'est que nous avons un secret à vous dire.

FRANVAL.

Un secret?

MARIANNE.

Qu'on peut dire tout haut.

FRANVAL, toujours avec une gaîté affectueuse.

Et tous les deux le même secret?

ANDRÉ, tendant la main à Marianne.

Absolument le même, n'est-ce pas, Marianne?

FRANVAL.

Hum! Quand j'étais soldat, je crois que j'aurais deviné... Maintenant je ne comprends pas, à moins que ce ne soit pour le sixième sacrement?

MARIANNE.

Après que vous en aurez parlé à mon père..

ANDRÉ.

Et à ma mère!

FRANVAL.

Il paraît que je suis destiné à faire aujourd'hui l'ambassadeur.

SCÈNE IX.

LES MÊMES, LENDORMI.

(Il arrive du dehors, en faisant entendre le bruit de ses sabots; il s'avance en se balançant comme un enfant qui sommeille; il tient un pan de sa blouse relevé.)

FRANVAL, l'apercevant.

Ah! te voilà enfin, drôle?**

ANDRÉ.

Il rentre trop tard, c'est vrai, mais ne le grondez pas.

FRANVAL.

Je sais que c'est ton protégé, mais ça m'est bien égal... Comment, scélérat, quand tu sais que tous les bergers sont aux aguets, à cause du loup qui s'est montré, tu abandonnes ton troupeau.

MARIANNE.

Il aura eu peur de l'orage.

FRANVAL.

Du tout, il ne pleuvait pas encore.. Je l'appelle à m'enrouer; personne.. et me voilà, de peur d'accident, obligé de prendre le commandement des moutons et de les conduire ici par une pluie battante, et encore c'est que ses moutons marchent comme des canards.

ANDRÉ.

Vous avez été tout à fait le bon pasteur.

* André, Franval, Marianne,
** André, Marianne, le Curé Lendormi.

FRANVAL.

Le bon pasteur porte une brebis sur ses épaules et il peut courir quand il pleut. Mais, moi, j'en ramenais deux cents en faisant brou! brou! (A André et Marianne.) Oui, oui, riez, et je ne vous marierai pas. (Marianne pour cacher son rire, passe derrière le curé et va près de la table.—A Lendormi.) Et qu'est-ce que tu faisais pendant ce temps-là, misérable?

(Lendormi, qui est passé à gauche de la table, près de laquelle est Marianne, jette dessus ce que contenait le pan de sa blouse; Marianne pousse un cri et se sauve à l'autre coin de la scène.)*

FRANVAL.

Qu'est-ce que c'est cela?

ANDRÉ, regardant.

La tête du loup!

MARIANNE.

L'horrible bête!

ANDRÉ.

C'est toi qui l'as tué?

LENDORMI.

Mais dam!

FRANVAL, qui s'est approché de la table un instant.

Ton *mais dam* veut-il dire oui? (Lendormi garde le silence.) Eh bien! mon Lendormi, vous êtes un menteur; vous n'avez jamais manié une arme à feu; vous ne savez pas ce que c'est qu'un fusil, et ce loup a été frappé d'une balle au milieu du front. Ce n'est pas vous qui l'avez tué.

LENDORMI, qui d'abord avait laissé paraître en dessous une certaine joie d'orgueil, baisse la tête en balbutiant:

Mais dam!

FRANVAL.

Vois-tu, petit polisson, je te permets d'être idiot tant que tu voudras, mais si je te prends à mentir... comme avec toi les sermons ne font pas grand'chose, j'aurai recours à une bonne correction... entends-tu; et après cela je te dirai, sans t'en vouloir, mon drôle, voilà comment je t'aurais arrangé quand j'étais soldat.

(Lendormi reprend sa tête de loup, la replace dans sa blouse et entre tristement à la veillée.)

MARIANNE.

Pauvre garçon, il me fait de la peine... Il n'avait pas compris.

FRANVAL.

Au fait, j'ai peut-être été un peu vif; au lieu de le menacer, je ferais mieux d'essayer de l'éclairer; mais je l'ai trouvé comme cela quand, après mes campagnes, je suis revenu ici... Vous avez raison, Marianne, il faudra d'abord essayer de lui faire comprendre, et pour cela, André, il faut que tu me dises comment lui est arrivé...

MARIANNE.

Voilà Mme Dumoutier.

* Marianne, le Curé, André (la table), Lendormi.
** Marianne, Franval, André.

ANDRÉ.

Ma mère! (Appelant.) Le souper! Tout le monde!

Madame Dumoutier sort de sa chambre et vient parler au curé et à Marianne. On apporte de la salle de la veillée une grande table toute servie que l'on vient placer le long de la décoration à gauche du public; des bancs et des tabourets sont apportés, et tous les domestiques du moulin, hommes et femmes, se placent à cette table. En même temps, les servantes ont mis un couvert de quatre personnes sur la petite table de droite.

Oculi, les servantes sont entrées par la porte de la veillée, Pierre et deux garçons par le fond, Brindavoine et deux garçons par l'escalier. Tous ces jeux de scène se font pendant le dialogue qui suit.

SCÈNE X.

LES MÊMES, Mme DUMOUTIER, OCULI, BRINDAVOINE, puis LENDORMI.

FRANVAL à Mme DUMOUTIER.

Vous ne m'en voulez pas de m'être invité à souper avec Oculi; vous savez que nous aurons à causer.

Mme DUMOUTIER.

Vous avez très bien fait, et je vous annonce même un convive de plus.

ANDRÉ.

Qui donc, ma mère?

Mme DUMOUTIER.

Ma petite Marianne.

MARIANNE.

Et mon père?

Mme DUMOUTIER.

Il était obligé de partir malgré l'orage, mais il regrettait de vous exposer à ce mauvais temps; je lui ai demandé de vous garder jusqu'à demain matin, et il a consenti.

ANDRÉ.

Ah! voilà une bonne nouvelle, ma mère. (Aux gens du moulin.) La nuit est venue, les portes de la cour sont-elles bien fermées?

PIERRE.

Oui, monsieur André, et voilà les clés.

(Il va prendre sa place à la grande table.)

ANDRÉ.

Très bien; tout le monde est rentré; tirez le grand escalier. (C'est seulement ici que le tableau est posé. A la table de gauche, Oculi et Pierre occupent les deux premières places, près de l'avant-scène. A la petite table, à droite, les acteurs sont placés ainsi : Marianne au bout, le curé et Mme Dumoutier, face au public, André au bout, en face Marianne. — André, se mettant à table.) Tout à l'heure j'aurai besoin d'aller conduire le prisonnier à la geôle qui est imprenable maintenant, et où l'on fera bonne garde; je descendrai par l'échelle, M. le curé et Oculi pourront-ils aussi descendre par là?

FRANVAL.

J'ai monté à l'assaut, et Oculi monte au clocher.

OCULI, allant à sa place.

Je crois bien, par exemple, quand je veux dire un mot de près à Saperlotte!

ANDRÉ.

Où est donc Lendormi?

OCULI, de sa place.

Il s'est mis dans le coin de la cheminée, il se chauffe et il regarde en l'air en mangeant une croûte.

Mme DUMOUTIER.

Eh bien! qu'est-ce que tu as donc, André? Tu ne manges pas?

ANDRÉ.

C'est que je suis trop content, ma mère. (Plus bas.) Vous saurez bientôt cela.

FRANVAL.

Eh bien! puisque tu ne manges pas et que Lendormi n'est pas là; raconte-moi donc l'événement qui l'a réduit à un si triste état, je trouverai peut-être dans les circonstances quelque chose qui m'éclairera sur ce que j'ai à faire.

ANDRÉ.

Volontiers; vous savez que déjà avant la révolution nous avions un assez grand nombre de malfaiteurs dans le pays, malgré la guerre énergique que leur faisait le comte de Bianville, grand justicier de la province. Dès le commencement des troubles, le comte fut obligé de partir, et nous ne l'avons plus revu; les églises furent fermées; l'ennemi nous entourait; vous devîntes soldat, officier, brave autant que l'on...

FRANVAL.

Dites-moi, Marianne; qu'est-ce que je lui ai donc demandé?

MARIANNE.

L'histoire de Lendormi.

FRANVAL.

C'est ce qu'il me semblait. (A André.) Eh bien! si tu voulais bien ne pas me raconter la mienne; je crois la savoir.

ANDRÉ.

Le bouleversement général, en rendant souvent un travail honnête impossible, augmenta le nombre des hommes dangereux; à eux se joignirent des condamnés échappés à la faveur du désordre, des déserteurs de toutes les nations : une organisation régulière augmenta la force de ces bandes qui eurent des chefs hardis, des lois sévères. Tout le pays fut infecté de brigands attaquant avec audace chaumières et châteaux, et brûlant les pieds de leurs prisonniers, jusqu'à ce que, contraints par la douleur, ils révélassent où étaient cachés leurs objets les plus précieux. (En ce moment, Lendormi sort de la veillée; il a ôté ses sabots; il vient s'asseoir à terre, derrière la chaise d'André, sans qu'on fasse attention à lui.) Le père du pauvre Lendormi faisait valoir une ferme de ma mère à quelques lieues d'ici... ce n'était pas seulement un métayer pour nous, c'était un ami; mon père lui

ACTE I, SCÈNE X.

devait la vie, et ne pouvant lui faire accepter d'argent, il lui avait donné sa montre pour qu'elle lui rappelât l'heure à laquelle il l'avait sauvé. Une nuit, toute la maison était dans un profond sommeil, lorsqu'à un premier, à un seul coup d'une énorme poutre faisant les fonctions de bélier, la porte vole en éclats. Une foule d'hommes se précipitent dans la chambre, sur les lits du père, des enfans, les garrottent, les jettent à terre, les enveloppent dans des draps et des couvertures. Les domestiques sont aussi saisis et mis hors d'état de défense; tout est livré au pillage; puis ils reviennent dans la chambre où était la malheureuse famille; ils en prennent le chef. « Où as-tu caché ton argent? — Je n'en ai pas, je vous jure. » Ils avaient allumé un grand feu; ils approchent du foyer les pieds du vieillard, qui bientôt fait entendre de douloureux gémissemens. Pendant ce temps, les chauffeurs se livraient aux plaisirs d'une orgie, et, à ces plaintes, répondaient en riant : » Parle, vieil entêté, et on t'ôtera de là. » Cependant Lendormi, le pauvre garçon que vous connaissez, était parvenu, en se débattant, à débarrasser un peu sa tête de la couverture qui l'enveloppait ; mais il ne put reconnaître aucun des misérables : ils avaient tous la figure couverte d'un voile ou noircie; il put seulement les compter; ils étaient treize, et ce nombre est long-temps resté pour lui une idée fixe.

LENDORMI, à mi-voix.
Treize !

ANDRÉ.
Que vous dirai-je? Quand les chauffeurs se retirèrent, les granges brûlaient; on arriva à temps pour arracher aux flammes Lendormi et quelques domestiques; mais le lendemain le vieillard expirait à la suite d'affreuses tortures.

MARIANNE.
Quelle horreur !

OCULI, se levant et venant au milieu de la scène.
Mais M. André ne dit pas tout. Grâce à lui, les domestiques ont retrouvé des places; l'orphelin a été élevé ici, et le pauvre vieux assassiné a eu une tombe dans le cimetière avec une croix en pierre dessus.

(Pendant qu'Oculi parle, Lendormi, près de la chaise d'André, baise le pan de son habit.)

MARIANNE.
Vous avez bien agi.

FRANVAL, frappant avec son couteau sur la table.
Brigands ! comme j'aurais dit quand j'étais soldat !... Et on n'a pas pu en délivrer le pays ?

ANDRÉ.
Non, ils ont échappé, et depuis ce temps.....
(On entend sonner dans le lointain.)

Mme DUMOUTIER.
On a sonné à la porte de la cour.

OCULI, à un garçon qui s'est levé et se dispose à aller ouvrir.
Il ne faut pas ouvrir, par exemple.

ANDRÉ, toujours à table.
Et pourquoi? ne sommes-nous pas en nombre pour nous défendre? (Au garçon qui s'est levé de table en lui remettant la clé.) Va ouvrir. (On se lève de table.)

OCULI.
Mais si c'était quelqu'un de la bande de Pierre le Noir.

ANDRÉ.
Que pourrait-il seul contre nous? Et si c'est un honnête homme égaré pendant l'orage.

FRANVAL.
André a raison; il n'y a pas à hésiter.

ANDRÉ.
Voici l'heure où tout doit être prêt pour recevoir notre prisonnier à la geôle; aidé de ceux qui le gardent, je vais le transférer; avant une demi-heure, je serai de retour. (Au moment de sortir, il se trouve nez à nez avec Pierre le Noir, déguisé en vieillard couvert de haillons.) Ah ! c'est vous mon brave homme qui avez sonné tout à l'heure.

PIERRE LE NOIR, à la porte.
Je suis peut-être importun... mais la nuit... l'orage... la fatigue...

BRINDAVOINE, à part, près la rampe.
Cette voix...

ANDRÉ.
Entrez donc ; un morceau au coin du feu vous remettra. Vous n'êtes pas du pays?

PIERRE LE NOIR.
Non ; je suis de quinze lieues d'ici, et j'ai hâte d'arriver.

ANDRÉ.
Raison de plus pour prendre des forces. (Indiquant la droite.) On va se réunir là-dedans pour la veillée.

Mme DUMOUTIER.
Marianne la présidera !

PIERRE LE NOIR, avançant de quelques pas, à part.
Marianne ici !.. Viendrait-elle pour ce maudit André !

Mme DUMOUTIER.
Monsieur Franval, je vais être tout à vous.

FRANVAL.
Très bien, ma chère dame. (On enlève la petite table; on place la grande sous la croisée; André est sorti; Pierre le Noir s'approche de Brindavoine et lui serre la main.)

PIERRE LE NOIR, à mi-voix.
Apprenti !

BRINDAVOINE, saisi et à voix basse.
Frère!

PIERRE LE NOIR, même jeu.
Obéissance.

BRINDAVOINE, même jeu.
Ordre.

PIERRE LE NOIR, même jeu.
Demain matin, six heures, au château de Spachman.

BRINDAVOINE, même jeu.

Vivant, je viendrai!

OCULI, à Brindavoine et Pierre le Noir.

Eh bien! venez donc, vous autres; est-ce que vous voulez rester là? (Ils suivent Oculi. Tout le monde entre à la veillée. Lendormi toujours accroupi regarde avec surprise Brindavoine et Pierre le Noir; il sort le dernier.)

◊◊◊◊◊◊◊◊◊◊◊◊◊◊◊◊◊◊◊◊◊◊◊◊◊◊◊◊◊◊◊◊◊◊◊◊◊◊

SCÈNE XI.
FRANVAL, Mme DUMOUTIER.

FRANVAL.

Vous pensez bien que si je vous ai demandé ainsi une entrevue secrète, ma chère dame, c'est qu'il s'agit d'intérêts puissants et qui n'ont aucun rapport à moi.

Mme DUMOUTIER.

Je sais que vous n'êtes jamais pressé pour ce qui vous concerne.

FRANVAL.

A l'époque de la révolution, quand je partis pour l'armée, je me trouvai attaché au corps qui, plus tard, fit les campagnes d'Italie. J'étais alors dans l'état-major; un jour que je venais d'achever un travail avec le général, il me pria de mettre sous sa dictée la suscription d'une lettre qui était sur son bureau. Je pris la plume et il me dicta : « A M. Dumoutier, meunier à Formentry. » Je ne pus lui cacher mon étonnement; il m'interrogea, et bientôt il sut qui j'avais été; ma confiance obtint la sienne, et j'appris que le général n'était autre que le comte de Bianville.

Mme DUMOUTIER.

Lui, dont on a toujours ignoré le sort.

FRANVAL.

Comme moi, il avait échappé à la persécution en cherchant un asile sous les drapeaux; une étroite amitié nous lia bientôt. Hélas! elle devait être courte. A Marengo, une civière marchait derrière celle qui rapportait au camp le corps de Desaix, et celle-là ramenait mon général, mortellement blessé. Il employa ce qui lui restait de forces à écrire plusieurs lettres; puis il me fit appeler. « Promettez-moi de retourner à Formentry, » me dit-il; qu'on ignore qui j'étais; cachez ma » mort dans la chère province que je ne dois plus » revoir, et quand vous recevrez une lettre de Ber» nay, en Normandie, ouvrez l'enveloppe que je » vous remets ici; mais si vous ne recevez aucunes » nouvelles de ce pays, n'ouvrez cette lettre que » dans trois ans. » A peine pus-je entendre ces paroles, tant sa voix était affaiblie... tant mes sanglots m'étouffaient... Il expira.

Mme DUMOUTIER.

Mais vous avez retrouvé ici de nombreux et bons amis.

FRANVAL.

Et parmi eux, votre famille et vous avez tenu le premier rang... Depuis la triste scène que je viens de vous raconter, trois ans se sont écoulés, je n'ai reçu aucune nouvelle de Bernay, et ce matin après avoir encore prié pour mon brave général, j'ai ouvert sa lettre, la voici : « Mon cher Fran» val, puisque tout espoir est perdu, allez trou» ver Dumoutier qui vous dira quel chagrin a » empoisonné la fin de ma vie; puis, pour ren» dre à chacun ce qui lui est dû, vous distribuerez » à mes plus proches héritiers, une somme de » 300,000 francs en or, billets et diamans, que » j'ai enfouis dans mon château. Sur la présenta» tion de l'anneau que je joins à mon billet, M. » Lefèvre, mon notaire, vous remettra les ren» seignemens cachetés qui vous feront reconnaî» tre l'endroit où est placé ce dépôt. Adieu, je » meurs avec moins de regret puisque je ne de» vais pas la revoir » Mon noble ami ignorait que M. Dumoutier dût le suivre de si près au tombeau, mais j'ai pensé que votre mari vous aurait fait confidence du secret que je dois connaître pour obéir aux derniers vœux de mon général.

Mme DUMOUTIER.

Vous avez eu raison, monsieur le curé, M. de Bianville nous avait confié cette triste histoire à moi et à mon mari dont il était parent.

FRANVAL.

Votre mari?

Mme DUMOUTIER.

Sans doute, cadet d'une noble maison, destiné au clergé, il préféra faire valoir le peu de bien qui lui revenait et ne pas renoncer aux joies de la famille; il était, vous dis-je, allié de M. de Bianville. Il y a quelques instans, André vous rappelait avec quelle juste rigueur ce dernier faisait une guerre sans relâche aux malfaiteurs qui désolaient le pays. Plusieurs tentatives furent faites contre sa vie, contre celle de la comtesse; tous les jours il recevait des lettres anonymes pleines de menaces; enfin la comtesse périt en mettant au jour une fille. Frappé de cette mort subite que sa douleur attribua à un crime, M. de Bianville crut son enfant en danger, et une nuit, dans le plus grand secret lui-même l'enleva et alla à Bernay, en Normandie, la confier aux soins d'une famille dont il connaissait l'affection et le dévoument. Toutes les précautions semblaient prises pour que la retraite où l'enfant devait être élevée restât ignorée de tout le monde; cependant, au bout d'un an, cette dernière consolation du comte lui était ravie. Cécile avait été enlevée dans son berceau; mais nulle trace de sang... Quelques jours après, on retrouva à quatre lieues de Bernay, dans un bois, les vêtemens de Cécile; l'état de ces vêtemens n'indiquait aucune violence; tout faisait donc espérer que l'enfant n'avait pas péri, cependant les recherches les plus actives ne purent procurer aucun renseignement, et M. de Bianville, pensant que la sécurité seule pourrait trahir des coupables qui avaient si bien pris leurs précautions, voulut paraître avoir perdu tout espoir. Mon mari resta seul secrètement chargé de continuer ces recherches; tant qu'il vécut, son zèle ne se ralentit pas un seul jour; après sa mort, les recherches furent continuées à Bernay, mais les dernières nouvelles que j'ai reçues, il y a quinze jours à peine, m'annoncent comme toujours qu'on n'a pu rien découvrir.

FRANVAL.

La malheureuse enfant aura été victime de quelque sombre vengeance; il faut renoncer à voir mon ami revivre dans sa fille. Demain matin, je me rendrai chez le baron de Spachmau qu'on ne voit plus depuis quelque temps; on dit qu'il est malade.

Mme DUMOUTIER.

Et que voulez-vous de lui?

FRANVAL.

N'est-ce pas lui qui occupe, comme locataire le château du comte, considéré jusqu'à ce jour comme bien d'émigré? J'irai m'entendre avec lui sur les recherches à faire au sujet de ce dépôt.... (Les cloches tintent au dehors.) Voici l'heure du couvre-feu; je vais vous quitter, ma chère dame.

SCÈNE XII.

LES MÊMES, OCULI, BRINDAVOINE, MARIANNE, GARÇONS MEUNIERS, GENS DE LA VEILLÉE, PIERRE LE NOIR, L'ENDORMI.

OCULI, entrant rapidement et se dirigeant vers la porte du fond.

Monsieur le curé, Saperlotte...

FRANVAL.

Eh bien! quoi?

OCULI.

Elle sonne toute seule le couvre-feu.

FRANVAL.

C'est quelqu'un qui n'aura pas oublié l'heure comme toi.

OCULI.

Si c'étaient les chauffeurs?

FRANVAL.

Alors la cloche ne sonnerait pas toute seule, et les chauffeurs seraient bien obligeans de faire ainsi ton métier.

OCULI.

C'est qu'ils étaient tous là, à me faire des contes.... (La cloche cesse.)

MARIANNE, arrivant à Mme Dumoutier. *

Vraiment quand la cloche a sonné nous étions tous plus ou moins sous une impression de frayeur.

* Oculi, le Curé, Marianne, Mme Dumoutier.

(Pendant le couplet de Marianne, tout le monde est sorti de la veillée, on forme le cercle.)

Et de quoi vous entretenaient-ils donc, tous ces peureux-là?

MARIANNE.

D'abord de ce voyageur qui est venu loger chez mon père. *

PIERRE LE NOIR, à part.

Écoutons.

MARIANNE.

Et dont le lendemain on a retrouvé le cheval et le manteau au bord du ravin.

PIERRE LE NOIR, à part.

Traître de Gauffré!

MARIANNE.

Ils disaient aussi que depuis trois ans, plus de dix hommes ont été trouvés assassinés dans les bois, tous atteints d'un coup de feu dans le dos.

Mme DUMOUTIER.

Ce n'est que trop vrai.

FRANVAL.

Oui, mais tous ces hommes ou n'étaient pas du pays, ou étaient connus pour de fort mauvais sujets; sur tous on a trouvé des armes cachées, ou des indices qui les signalaient comme des brigands, victimes sans doute d'autres brigands comme eux. Les deux derniers n'étaient-ils pas le fameux Rougeau et le terrible Sans-Pouce, dignes lieutenans de Pierre le Noir dont tout le monde parle, mais que du reste on n'a jamais aperçu? Vous voyez bien que, dans tout cela, il n'y a pas de quoi vous effrayer.

OCULI.

Pardon, monsieur le curé, mais comment expliquer les dégradations des monumens publics? (Mouvement de la part de tout le monde.)

FRANVAL.

Fais attention; tu vas dire quelque bêtise.

OCULI.

Non pas; cette fois-ci, c'est un fait: il y a des impies qui pénètrent dans le cimetière. (Tous les gens du moulin se groupent autour de lui.) Et là, ils détériorent les tombes. (Consternation.)

FRANVAL.

Mais c'est pire qu'une bêtise ça, Oculi, c'est un mensonge.

OCULI.

Non, monsieur le curé; les tombes c'est peut-être trop, mais une tombe, c'est la vérité vraie.

FRANVAL.

Laquelle?

OCULI.

Celle du père Lendormi; comme si ça n'était pas assez pour eux de l'avoir tué...

* Lendormi, Oculi, Franval, Marianne, Mme Dumoutier, Pierre le Noir, Brindavoine.

MARIANNE.

Mais qu'y a-t-il à cette tombe?

OCULI.

Sur la croix de pierre qu'y a fait mettre M. André, ils ont fait des entailles; d'abord j'en ai vu une, puis deux, puis huit, et la nuit avant qu'on ne trouvât les corps de Rougeau et de Sans-Pouce, on en a encore fait deux; ça fait dix maintenant.

FRANVAL.

Eh bien! s'il y en a une onzième, c'est à moi que tu auras affaire pour l'apprendre à mieux fermer les portes.

SCÈNE XIII.

LES MÊMES, ANDRÉ, rentrant du fond.

ANDRÉ.

Ah! j'arrive encore à temps pour dire bonsoir à tout le monde.

FRANVAL.

Qu'as-tu fait de ton prisonnier?

ANDRÉ.

Il est dans la geôle; par devant et aux deux côtés une sentinelle, et par derrière le torrent que l'orage vient de grossir encore.

PIERRE LE NOIR, à part.

Bien. (Haut.) Heureusement je ne suis pas obligé de le traverser.

ANDRÉ.

Vous vous en allez?

PIERRE LE NOIR.

Je n'attendais que votre retour, pour vous remercier de votre hospitalité.

Mme DUMOUTIER.

Rien ne vous empêche de passer la nuit ici.

PIERRE LE NOIR.

Il faut que je parte; on m'attend.

ANDRÉ.

Mais les chemins sont mauvais...

PIERRE LE NOIR.

Pour vous autres jeunes gens, mais quand on marche depuis plus de soixante ans.

OCULI.

Et les vilaines rencontres?

PIERRE LE NOIR.

Je suis trop pauvre pour les craindre.

FRANVAL.

Eh bien! mon brave homme, bon voyage.

PIERRE LE NOIR.

Merci de votre bénédiction, monsieur le curé.

FRANVAL.

Et bonne nuit à tout le monde.

TOUS.

Bonne nuit, monsieur le curé. (Brindavoine a pris une lumière sur la grande table; il est sur le petit escalier suivi de deux garçons. Une des servantes a pris la seconde lumière, et suivie de deux autres, elle se dispose à rentrer à la veillée. Le curé a fait rentrer Mme Dumoutier et Marianne dans la porte à gauche, et sort par le fond, accompagné des deux garçons meuniers restant. André se dispose à sortir.)

ANDRÉ.

Je vais disposer quelques hommes de garde. (A Lendormi qui regarde). Et toi, mon pauvre garçon, est-ce que tu ne vas pas te coucher? (Lendormi pour toute réponse se couche à terre en travers de la porte de Mme Dumoutier.) Comment devant la porte de ma mère et de Marianne?

LENDORMI.

Mais dam! (La surprise arrête tout le mouvement de sortie.)

DEUXIÈME ACTE.

PREMIER TABLEAU.

Une salle dans le château du baron de Spachman. Cinq portes; porte principale au fond. Au premier plan, à gauche, entrée secrète; à droite, dans l'angle, porte d'appartement; une table, fauteuils.

SCÈNE I.

ROLAND, seul.

Cinq heures et demie du matin; ils ne vont pas tarder à arriver... En traversant l'aile gauche, j'ai déjà entendu le cri du hibou... Le mot de reconnaissance *flamme rouge*, doit se dire à l'entrée du souterrain de l'ancienne chapelle. Etienne Calebasse s'y tient depuis une heure; le mot de passe *feu ardent*, doit se dire au guichet de cette porte. (Il indique la porte secrète.) Allons, il y aura du nouveau... Depuis quelque temps, Pierre le Noir fait dire qu'il est malade et s'absente toutes les nuits. (On frappe trois coups à la porte secrète.) Voilà quelqu'un. (Il va à la porte.) Qui va là?

VOIX AU DEHORS.

Feu ardent!

(Il ouvre. Brindavoine entre et passe devant lui.)

SCÈNE II.

ROLAND, BRINDAVOINE.

ROLAND.

C'est toi, Brindavoine?

BRINDAVOINE.
En chair et en os.
ROLAND.
Tu es bien matinal.
BRINDAVOINE.
C'est la faute du maître; hier je l'ai vu au moulin.
ROLAND.
Il est donc partout? Il est aussi allé au chemin creux des Roches-Noires, pour dire au guetteur de prévenir du rendez-vous les camarades qui y viennent toutes les nuits prendre l'ordre. A quelle heure a-t-il quitté le moulin?
BRINDAVOINE.
Au couvre-feu, et j'aurais bien fait d'en faire autant.
ROLAND.
Pourquoi?
BRINDAVOINE.
Il m'a semblé être suivi; si cet idiot de Lendormi n'avait pas tué le loup, j'aurais cru avoir la méchante bête à mes trousses, toutes les fois qu'il passait un nuage devant la lune, il me semblait voir quelque chose qui s'approchait en bondissant, mais qui se tenait toujours assez loin pour que je ne pusse rien distinguer.
(On frappe encore trois coups.)
ROLAND, allant au guichet.
Qui va là?
VOIX AU DEHORS.
Feu ardent!

SCÈNE III.

LES MÊMES, GAUFFRÉ, CHAUFFEURS.*

ROLAND.
Bonjour, père Gauffré.
GAUFFRÉ.
Bonjour mes enfans; où est le maître?
ROLAND.
Il n'est pas encore rentré.
GAUFFRÉ.
C'est son droit. Article 1er de notre réglement : Le maître ne doit compte à personne de ses actions, à moins que ses actions ne violent le réglement.
ROLAND.
Vous êtes fort sur le réglement, père Gauffré.
GAUFFRÉ.
Mes enfans, on a des lois, c'est pour les suivre... Nous ne sommes pas des sauvages... Le réglement avant tout; nos affaires n'en vont pas plus mal. Article 7. Les prises sont également réparties en-

*Roland, Gauffré, Brindavoine, quatre Chauffeurs faisant cercle.

tre les frères, les apprentis auront demi-part, le maître, cinq parts.
BRINDAVOINE.
Cinq parts!
GAUFFRÉ.
Est-ce qu'il n'a pas son rang à soutenir?
BRINDAVOINE.
Son rang, son rang!
GAUFFRÉ.
Article 3. Après être entré dans la compagnie, chacun continuera d'exercer l'état qu'il avait, afin de n'éveiller aucun soupçon. Tu es resté garçon meunier, il est resté baron; tu donnes dans l'occasion ton coup de main comme tout honnête chauffeur doit le faire; lui va dans le monde, fréquente les riches et peut à temps avertir des pièges et indiquer les bons coups... Non, mais il y a des gens qui croient qu'il suffit d'enfoncer une porte, de garrotter solidement les pieds et les mains, de chauffer plus ou moins vite jusqu'à ce qu'on dise où est le magot! Sans contredit, c'est quelque chose; mais ce n'est pas tout; il faut des qualités plus solides... la sobriété... Maurice a été arrêté étant ivre... la chasteté.. Max s'est trahi dans une conversation trop intime.
ROLAND.
C'est donc vrai qu'il a été arrêté?
BRINDAVOINE.
Et par ce maudit André, encore. Quelquefois au moulin, quand il a reçu une bonne somme, il me prend la nuit des tentations de...
GAUFFRÉ.
Et le désintéressement! Article 14. Nul, en agissant isolément, dans un intérêt particulier, ne doit risquer de compromettre la société entière.
ROLAND, qui a remonté à la porte du milieu.
Camarades, le maître.
GAUFFRÉ.
Où est-il?
ROLAND.
Il vient de faire entrer dans sa chambre un homme que je n'ai pu reconnaître. (Il referme la porte, puis regardant celle placée dans l'angle.) Le voici.

SCÈNE IV.

LES MÊMES, LE BARON, arrivant par la porte placée dans l'angle à droite.*

LE BARON.
Camarades, les nouvelles sont mauvaises.
TOUS.
Qu'y-a-t-il?
LE BARON.
La troupe de Jean l'Écorcheur est battue, pour-

*Gauffré, le baron, Roland, Brindavoine.

suivie, traquée... Ils comptaient passer le Rhin; tous les bords sont gardés. Ils n'ont pas d'autre ressource que de se jeter dans les bois de ce côté, mais partout des troupes; nous leur devons aide, assistance.

GAUFFRÉ.
Article 10...

LE BARON.
Il faut opérer une diversion, frapper un coup hardi, en plein jour, attirer par l'audace de notre attaque, les troupes de ce côté-ci et favoriser ainsi la fuite de Jean l'Écorcheur et de nos camarades.

GAUFFRÉ.
Et cette attaque?

LE BARON.
Sur le moulin.

GAUFFRÉ.
Quand?

LE BARON.
Dans une heure.

GAUFFRÉ.
Dans une heure. (A part.) Soit, Marianne l'aura quitté à six heures.

LE BARON.
Nous avons là un ennemi dangereux.

GAUFFRÉ, à part.
Le fin matois ne dit pas un rival.

LE BARON.
On dit Mme Dumoutier riche; elle doit avoir reçu des fermages?

GAUFFRÉ, vivement.
Avant tout partage, je réclame 280 francs que je lui ai portés hier.

LE BARON.
Êtes-vous prêts?

TOUS.
Oui.

GAUFFRÉ.
Mais un des nôtres est prisonnier, et le réglement veut que nous le sauvions.

LE BARON, avec intention.
Tu as raison; il faut toujours exécuter le réglement dans toute sa rigueur.

GAUFFRÉ, à part.
Comme il me regarde!

LE BARON.
Vous avez une demi-heure pour réunir nos camarades, prendre vos armes, vos déguisemens... puis vous reviendrez tous ici, où nous aurons peut-être deux coupables à punir. (A Gauffré.) Reste.

(Ils sortent tous par la porte secrète.)

GAUFFRÉ, à part.
Il m'inquiète... Saurait-il?...

SCÈNE V.
LE BARON, GAUFFRÉ.

LE BARON.
Il y a six jours, un homme monté sur un cheval blanc, portant un manteau brun galonné d'argent, est descendu à la tombée de la nuit à ton auberge.

GAUFFRÉ.
C'est vrai, et le lendemain au point du jour, sur le même cheval et dans le même costume, ce voyageur a quitté ma maison; le boulanger du village l'a vu passer.

LE BARON.
Tu as tué ce voyageur, tu l'as volé, tu es monté sur son cheval, tu as revêtu son manteau, et au point du jour, tu as passé exprès devant la boutique du boulanger afin de lui faire dire que le voyageur était sorti de chez toi.

GAUFFRÉ, avec embarras.
Maître, tu es mal instruit.

LE BARON.
Le réglement défend toute entreprise particulière.

GAUFFRÉ.
Article 14... Je le citais tout-à-l'heure.

LE BARON.
Et punit l'infraction...

GAUFFRÉ.
Toujours de la même peine.

LE BARON.
La mort!

GAUFFRÉ, à part.
Le danger est pressant... En avant, Marianne. (Haut, avec plus d'assurance.) Encore une fois, maître, tu es mal instruit.

LE BARON.
Prouve-le-moi.

GAUFFRÉ.
En effet, ce voyageur est venu dans mon auberge, à telles enseignes que c'est ma fille Marianne qui l'a reçu... Tu connais bien Marianne, que tu aimais assez pour me la prendre malgré moi, si le réglement, article 9...

LE BARON.
Au fait.

GAUFFRÉ.
Je venais justement de causer avec Marianne de ses idées de mariage avec André.

LE BARON.
Toujours cet homme! Il ne s'agit pas de Marianne, mais du voyageur.

GAUFFRÉ.
Il entrait justement au moment où Marianne s'essuyait les yeux... Elle pleurait parce que je m'opposais à ce mariage.

LE BARON.
Mais le voyageur! le voyageur!

ACTE II, SCÈNE V.

GAUFFRÉ.

Le voyageur lui dit : Qu'avez-vous, la belle enfant ?

LE BARON.

Tu mens, tu mens ! Je n'ai pas le temps de te laisser mentir... Qui est allé à deux heures du matin, avec une lanterne, dans le clos, enterrer un coffret ?

GAUFFRÉ, à part.

Diable ! S'il découvre que ce coffret renferme de l'or, rien que de l'or, je suis perdu !... Ah ! un moyen. (Haut.) Enterrer un coffret ?...

LE BARON.

Oui.

GAUFFRÉ.

C'était moi.

LE BARON.

Tu avoues donc ?

GAUFFRÉ.

J'avoue que je suis allé dans le clos enterrer un coffret.

LE BARON.

Que contenait-il ?

GAUFFRÉ.

Chut !... Personne ne nous écoute. (A part.) Frappons le grand coup ; disons toute la vérité sur Marianne. (Haut.) Ce coffret renferme des papiers qui prouvent que Marianne n'est pas ma fille.

LE BARON.

Marianne n'est pas ta fille ?

GAUFFRÉ.

Vous avez entendu parler dans le pays du comte de Bianville.

LE BARON.

Oui, on ne sait ce qu'il est devenu ; les uns le disent mort, les autres disent qu'il est en pays étranger.

GAUFFRÉ.

Marianne est sa fille.

LE BARON.

Marianne est sa fille !

GAUFFRÉ.

J'en ai la preuve... Revenons au voyageur, au manteau bleu.

LE BARON.

Fille du comte de Bianville !

GAUFFRÉ.

Et unique héritière ?... Le voyageur voulant donc souper, me demanda...

LE BARON.

Je me souviens qu'on parlait autrefois d'une enfant disparue.

GAUFFRÉ.

Des histoires, des contes comme on en fait toujours... voyageur...

LE BARON.

Je te crois, je te crois ; mais Marianne ! comment se fait-il ?...

GAUFFRÉ.

Par suite de mon système d'avoir toujours en main une garde à carreau. Tu n'étais pas encore le baron Spachman le jour, et Pierre le Noir la nuit, que déjà depuis long-temps j'exerçais, sous des chefs habiles et braves ; cependant ces chefs, tout braves qu'ils étaient, tombèrent successivement sous la main du comte de Bianville.

LE BARON.

Que me fait tout cela ?

GAUFFRÉ.

Patience ! cela finira par te faire quelque chose. En assistant au... convoi de mes maîtres, j'avais souvent réfléchi qu'il devait y avoir quelque moyen de combattre les mauvaises chances... Voici celui que je trouvai. Le comte de Bianville avait une fille que, par crainte de représailles, il faisait élever secrètement en Normandie ; je sus découvrir à qui elle était confiée ; je fis un long détour, et l'enfant fut enlevée.

LE BARON.

Pourquoi faire ?

GAUFFRÉ.

Si le zèle du comte m'avait un beau jour saisi, je lui aurais dit : Voulez-vous revoir votre fille ? Oui ? en ce cas, donnez-moi, avec sûretés et garanties, les moyens de quitter la France, et je vous la rends.

LE BARON.

Il serait possible !

GAUFFRÉ.

Pour qu'il fût heureux de la retrouver, il fallait la faire élever avec soin, en faire une petite perle, ça m'a coûté beaucoup de peine, à cause du défaut d'habitude... Les événemens politiques ont contrarié mon premier projet, mais j'ai gardé tous les moyens de la faire reconnaître. Quand on saura positivement la mort du comte, je puis faire valoir ses droits à l'héritage qu'on dit considérable.

LE BARON.

Immense !

GAUFFRÉ.

Serait-il encore question, entre nous, de l'art. 14, si je vous disais : Vous êtes très bien placé pour épouser Marianne, que vous aimez depuis long-temps.

LE BARON.

Que dis-tu ?

GAUFFRÉ.

Un instant ! vous me souscrirez une bonne somme payable le lendemain de la noce... la veille, j'aime mieux cela.

LE BARON.

S'il m'est prouvé que Marianne est, en effet...

GAUFFRÉ.

Aussi prouvé que c'est bien mon voyageur qui est sorti... (Roland paraît à la porte, dans l'angle à gauche.

LE BARON.

Silence !

SCÈNE VI.
LES MÊMES, ROLAND, puis LENDORMI, ROLAND.

Maître, un jeune paysan vient d'être surpris rôdant autour du château, où il cherchait sans doute à s'introduire... Il avait franchi un mur de jardin.

LE BARON.
Un étranger! il faut voir.

GAUFFRÉ.
Un instant! soutiens ton rôle de malade; ta robe de chambre. (Roland va la chercher dans l'angle à droite, et la donne à Gauffré.)

GAUFFRÉ, il la lui présente.
La voilà.
(On habille le baron.)

LE BARON.
Roland, fais-le entrer.
(Roland sort par le fond.)

GAUFFRÉ.
C'est peut-être un espion... Dans ce moment, il faut se tenir sur ses gardes.

ROLAND, rentrant et laissant la porte ouverte.
Le voici.
(Lendormi paraît.)

GAUFFRÉ, au baron assis près de la table.
C'est l'idiot du moulin.

LE BARON.
C'est moins dangereux.

GAUFFRÉ, à part.*
Peut-être. (Haut.) C'est toi, Lendormi, qui forces M. le baron, souffrant comme il l'est... (Bas au baron.) Le sourcil froncé et la voix dolente! (Haut.) à te faire paraître devant lui.

LE BARON.
Que faisiez-vous dans ce jardin, mon ami.

LENDORMI.
Sais pas.

GAUFFRÉ.
Tu as bien su pourtant escalader le mur.

LENDORMI.
Mais dam.

LE BARON.
Répondez, mon ami.

LENDORMI.
Mouton perdu! mouton perdu!... Bêêe... bêêe.

GAUFFRÉ.
Et tu crois que ton mouton a sauté un mur de six pieds pour entrer ici.

LENDORMI.
Mais dam!

LE BARON, bas.
Tu n'en tireras pas autre chose.

GAUFFRÉ, bas.
On n'est pas si bête sans intention... Je ne sais quel instinct me dit que ce garçon est dangereux... S'il a vu venir les frères ici, il peut nous perdre.

LE BARON, bas.
Mais si on fait des recherches après lui... Cet André...

GAUFFRÉ, bas.
Et l'oubliette.

LE BARON, bas.
Tu veux?...

GAUFFRÉ, bas.
Un puits de quatre-vingts pieds avec quelques lames de rasoirs au fond... il n'y a rien de tel pour garder un secret.

LE BARON, bas.
Au fait, c'est peut-être plus prudent.

GAUFFRÉ, appelant.
Roland! (Roland approche.) Va pousser le ressort.
ROLAND, va près de la porte du fond pousser le ressort d'une trappe placée en face la porte secrète, puis après être venu s'assurer, en appuyant le pied dessus, qu'elle est ouverte, il retourne dire bas au baron et à Gauffré.
La bascule peut jouer.

GAUFFRÉ, bas au baron.
Envoyez-le-moi; il faudra qu'il passe sur la trappe. (Il va se placer entre la trappe et la porte secrète.)

LE BARON, haut à Lendormi qui est resté immobile au milieu du théâtre.
Vous connaissez Gauffré; allez vous expliquer avec lui.

GAUFFRÉ.
Viens, mon petit; viens voir papa Gauffré.

LENDORMI, chantonnant.
Le hibou des bois
Chante à la brune.

GAUFFRÉ.
Viens... viens donc.
(Lendormi regarde Gauffré, fait deux pas pour aller à lui, puis s'arrêtant tout à coup, reprend sa place et chante en s'asseyant à terre.)

LENDORMI.
Le hibou des bois
Chante à la lune.

ROLAND, qui est en surveillance dans le vestibule dont les portes sont restées ouvertes.
Le curé Franval.

LE BARON, effrayé.
Le curé!

LENDORMI, chantant plus haut.
Le hibou des bois.

GAUFFRÉ, accourant à la droite de Lendormi et le relevant.
Veux-tu te taire!

LENDORMI.
Chante à la brume.

LE BARON, bas à Gauffré.
Le curé l'aura entendu; laisse-le.

ACTE II, SCENE VIII. 17

LENDORMI, chantant plus bas.
Le hibou des bois
Chante à la lune, là, là, là.

SCÈNE VII.

LES MÊMES, LE CURÉ.

FRANVAL.
Monsieur le baron !

LE BARON.
Quel heureux hasard, monsieur le curé? (Lendormi chantonne.)

FRANVAL, l'apercevant.
Tiens, te voilà Lendormi ; que fais-tu ici ?

LENDORMI.
Mouton perdu ! bêêe ! bêêe !..

FRANVAL.
Attends-moi, je te ramènerai au moulin.

LENDORMI.
Mais dam !

GAUFFRÉ, à part.
Espérons que je me suis trompé. (Haut à Lendormi.) Viens attendre là-dedans. (A Roland.) Ferme la trappe.

(Roland, après avoir donné un fauteuil au curé, pousse le ressort et s'en va avec Gauffré et Lendormi, qui continue à fredonner à mi-voix, le hibou des bois.)

SCÈNE VIII.

LE CURÉ, LE BARON.

FRANVAL, assis près du baron.
Monsieur le baron, c'est une question d'honneur et de délicatesse qui m'amène près de vous.

LE BARON, assis près de la table.
Monsieur le curé...

FRANVAL.
Vous êtes locataire de cette maison depuis votre retour dans le pays, monsieur le baron?

LE BARON.
Oui, monsieur le curé, depuis quelques années.

LE CURÉ.
Je viens d'apprendre, par une voie qu'il ne m'est pas permis de vous désigner, que, lors des sanglantes et fatales journées de la révolution, une somme considérable, 300,000 francs, a été cachée ici.

LE BARON.
300,000 francs !..

LE CURÉ.
En or, en billets, en diamans !

* Lendormi, Gauffré au fond, le Curé, Roland au fond, le Baron.
** Le Curé, le Baron.

LE BARON.
Dans cette maison ?

LE CURÉ.
Dans cette maison... ou dans ses dépendances, et je viens vous demander de vouloir bien m'autoriser à faire des recherches.

LE BARON.
De tout mon cœur, monsieur le curé ; disposez de moi, de mes gens... (Avec un intérêt marqué.) à moins que vous ne vous soyez fait accompagner de quelqu'un à cette intention.

LE CURÉ.
Je m'en suis bien gardé...

LE BARON, avec intention.
Je comprends votre réserve. Ainsi, à l'exception de Lendormi, personne ne sait que vous êtes ici.

LE CURÉ.
Personne !

LE BARON.
Monsieur le curé, je ne sais si c'est le plaisir que me cause votre visite, mais je me sens beaucoup mieux ; si vous vouliez accepter un déjeûner de malade...

LE CURÉ.
Sans cérémonie, j'accepte... L'air du matin m'a mis en appétit.

LE BARON, sonnant.
Me permettrez-vous de donner quelques ordres? (Se levant et allant à Roland qui entre.) Deux couverts. (Bas.) Trois hommes armés dans le couloir, et, à mon signal... (Il parle plus bas encore.)

ROLAND, montrant le curé.
Lui et l'autre?

LE BARON, bas.
Tous deux.

ROLAND, bas.
Morts ?

LE BARON, bas.
Morts. (Roland sort par la porte dans l'angle à droite.—Haut et revenant.) Monsieur le curé, si vous voulez que nous passions...

FRANVAL, se levant.
Volontiers !

LE BARON, l'arrêtant.
Pendant que nous déjeûnerons, ne serait-il pas nécessaire de faire apporter quelques instrumens, un levier, une pioche ?

FRANVAL.
C'est inutile, pour aujourd'hui du moins.

LE BARON.
Comment cela ?

FRANVAL.
Ce n'est que ce soir qu'on m'apprendra où est enfouie cette somme !

LE BARON.
Vous l'ignorez ?

FRANVAL.
Un notaire doit me remettre des papiers dépo-

3

sés depuis long-temps chez lui, et où je trouverai les détails nécessaires.

LE BARON.

A merveille. (Apercevant Roland qui rentre.) Sans doute le déjeûner qu'on nous annonce... (Il remonte et dit bas à Roland.) Plus personne. Fais revenir les frères, et viens dans un instant me chercher sous quelque prétexte. (Roland sort de nouveau.) Mais il faut savoir où le reprendre. (Redescendant vers le curé, et haut.) Pardon encore, monsieur le curé, confidence pour confidence, et service pour service.

LE CURÉ.

C'est juste.

LE BARON, à part.

Il sera dupe. (Haut.) Avant peu, des circonstances qu'il ne m'est pas permis de vous expliquer ci, me forceront à contracter une union secrète; uis-je compter sur vous?

LE CURÉ.

Pour tout ce qui ne sera pas contraire à mon devoir, je suis à votre disposition.

LE BARON.

Vous proposez-vous d'aller chez ce notaire aujourd'hui?

LE CURÉ.

Au fait, rien ne s'y oppose; pourquoi?

LE BARON.

Nous n'aurions pris pour les deux affaires qu'un seul rendez-vous.

LE CURÉ.

Comme il vous plaira.

LE BARON.

Par exemple, ce soir, entre six et sept heures, à l'ancienne chapelle.

LE CURÉ.

Vous m'y trouverez.

LE BARON.

C'est convenu. (Roland arrive par la porte du fond et semble annoncer que le déjeûner est servi. Le baron et le curé sortent; Roland les considère un instant, puis descend en scène.)

(Ils sortent par la gauche.)

SCÈNE IX.

ROLAND, les regardant sortir.

Que diable avons-nous à démêler avec le curé?.. Et pourquoi le maître a-t-il tant de peine à savoir ce qu'il veut faire? Il commande trois hommes de bonne volonté, et à déjeûner pour deux; puis il décommande les trois hommes et va se mettre à table... C'est égal, il me semble bien que ce n'est que partie remise pour monsieur le curé et pour le petit berger.

SCÈNE X.

ROLAND, GAUFFRÉ.

GAUFFRÉ, entrant par le fond avec le costume de chauffeur.

Ah!.. me voilà sous les armes... Eh bien! que fait donc le maître? Il s'amuse à manger un œuf à la mouillette, tandis que le curé déjeûne avec appétit, et que Lendormi regarde aux fenêtres et semble compter les pierres des murailles. (On frappe à la porte secrète.)

ROLAND.

Voici les frères. (Il ouvre; Brindavoine et toute la troupe des chauffeurs habillés et armés entrent.) Je vais chercher le maître. (Il sort.)

GAUFFRÉ*, aux chauffeurs qui entrent.

Silence! le curé Franval est là; il pourrait nous entendre. (Jusqu'à la fin de la scène à mi-voix.)

BRINDAVOINE.

Dites donc, père Gauffré; il me semble tout à l'heure avoir entendu la voix de Max qui chantait.

GAUFFRÉ.

Max! Ah ça! es-tu fou? Il est, à cette heure, prisonnier au bourg.

BRINDAVOINE.

Je le sais bien comme vous, et cependant je crois l'avoir entendu là, dans une salle basse.

GAUFFRÉ.

Tu rêves.

BRINDAVOINE.

Eh bien! voyez vous-même.

GAUFFRÉ, regardant à droite.

Max! Est-il possible!

SCÈNE XI.

LES MÊMES, LE BARON, MAX, ROLAND.

(Max entre avec joie et reçoit les félicitations de ses camarades; le baron le suit de près.)

LE BARON, à Gauffré.

Que dit l'article 7 du réglement?

GAUFFRÉ.

Lorsqu'un frère sera prisonnier, tous réuniront leurs efforts pour le sauver.

LE BARON.

Max était prisonnier; le voici.

GAUFFRÉ.

Qui l'a délivré?

LE BARON, à Max.

Ta prison n'était-elle pas gardée par des sentinelles, de trois côtés, et du quatrième, par le torrent?

MAX.

Oui, maître.

* Brindavoine, Gauffré.

ACTE II, SCENE XII.

LE BARON.
Un homme est venu à la nage, a ébranlé, arraché la grille de ton cachot; il t'a dit : Jette-toi dans le torrent; tu t'y es jeté; il t'a pris et t'a porté à l'autre bord.

MAX.
Oui, maître !

LE BARON.
Quel était cet homme ?

MAX.
Vous, maître.

LES CHAUFFEURS.
Lui ! lui !

LE BARON.
Gauffré, que dit l'article 19 ?

GAUFFRÉ.
Tout frère qui fera une révélation sera puni de mort.

LE BARON, à Max.
Entends-tu ?

MAX.
Que voulez-vous dire ?

LE BARON.
Tu as parlé.

MAX.
Je me repens.

LE BARON, qui a fait un signe à Roland.
Tu parlerais encore.

MAX.
Vous m'avez sauvé !

LE BARON.
Pour que tu meures sans trahir.

MAX.
Grâce !

LE BARON.
Silence ! (Roland a poussé le ressort de l'oubliette.) Tu vas mourir.

MAX.
En combattant, au moins.

LE BARON.
Ici. (Il marche sur lui ; Max recule.)

MAX, suppliant.
Pas encore.

LE BARON.
Tu vas mourir.
(Max, en reculant, marche sur la trappe, qui l'engloutit et se referme.)

ROLAND, au fond.
Le curé !

(Les chauffeurs se dérobent aux regards du curé en se retirant rapidement par toutes les portes; le baron va au devant du curé.)

SCÈNE XII.

Les MÊMES, excepté MAX, LE CURÉ ET LENDORMI, dans le fond.

FRANVAL.
Vous n'êtes pas bon convive, monsieur le baron; vous me laissez seul.

LE BARON.
Pardon, mille pardons... je me sentais indisposé.

FRANVAL.
Il faut prendre du repos... Ne vous gênez pas... A bientôt, monsieur le baron.

LE BARON.
A ce soir... à la chapelle... Vous m'excuserez...

FRANVAL.
Sans façon, je vous prie... Viens-tu, Lendormi ?

LENDORMI, en sortant.
Le hibou des bois, etc.

LE BARON, jette sa robe de chambre; Roland lui apporte des armes, un voile noir.
Ma montre !

ROLAND.
La voici.

LE BARON.
Maintenant, au moulin !
(Tous les chauffeurs se cachent la figure d'un voile noir et répètent :)
Au moulin !

DEUXIÈME TABLEAU.

La cour du moulin ; au fond, le moulin avec un grand escalier pour y monter, avançant sur le théâtre ; à gauche, mur de clôture ; près du mur, grande porte charretière. Du même côté, à l'avant-scène, petit hangar avec de la paille ; l'ouverture fait face au public ; à droite, un mur, dans lequel est pratiquée une porte de sortie, ferme toutes les coulisses. Du même côté, à l'avant-scène, un tonneau debout.

SCÈNE I.
OCULI, PIERRE.

OCULI, entrant par la porte à droite.
Brindavoine ! Brindavoine !... Il n'entend pas... il n'est peut-être pas là... Où peut-il être allé ce matin, lui qui devrait déjà avoir recouduit mademoiselle Marianne... Brindavoine ! Allons, allons, il n'y a aurait pas trop de Saperlotte et de Cabriole pour l'avertir... Brindavoine !

PIERRE, au haut de l'escalier et rangeant des sacs de farine à la porte du moulin.
Tais-toi donc, Oculi.

OCULI.
Brindavoine !

PIERRE.
Mais tais-toi donc !... Est-ce que le cheval de M. André n'est pas encore prêt ?

OCULI.
C'est pour ça... Brindavoine !

PIERRE.
Il est peut-être dehors. Tu ne peux pas sortir de la cour ?

OCULI.
Sortir toi-même ! Max s'est échappé ; je n'ose pas.

PIERRE.
Poltron !

OCULI.
Je crois bien ; c'est ce qui m'empêche de m'exposer.

SCÈNE II.

OCULI, ANDRÉ, arrivant par la porte charretière.
PIERRE, rentre dans le moulin. *

ANDRÉ.
Eh bien ! mon cheval est-il sellé ?

OCULI.
Non, monsieur André, depuis une heure j'appelle Brindavoine ; c'est comme si je voulais pêcher à la ligne avec Benoît.

ANDRÉ.
Selle-le toi-même alors, tu m'obligeras.

OCULI.
Bien volontiers, monsieur André ; comment s'appelle-t-il ?

ANDRÉ.
Qui ?

OCULI.
Votre cheval.

ANDRÉ.
Il s'appelle mon cheval... Allons vite ; il faut que je sois à la ville de bonne heure.

OCULI.
Votre cheval n'a pas de nom, M. André ; si ça vous est égal, je l'appellerai Iscariote : ça m'aidera à le seller.

ANDRÉ.
Mais va donc.
(Il le pousse dehors, par la porte à droite. Marianne sort du moulin, descend l'escalier et arrive en scène.)

ANDRÉ, allant à elle.
Marianne ! Je vous croyais déjà partie depuis plus d'une heure.

* André, Oculi.

SCÈNE III.
MARIANNE, ANDRÉ.

MARIANNE.
Vous n'avez pas voulu me laisser partir seule, et Brindavoine, qui devait m'accompagner, n'a pas paru depuis ce matin.

ANDRÉ.
Où peut-il être ? Vous savez que le prisonnier s'est échappé.

MARIANNE.
Oui, à deux heures du matin, nous avons entendu qu'on venait vous avertir.

ANDRÉ.
Vous n'avez pas dormi ?

MARIANNE.
J'étais si contente de veiller auprès de votre mère, que pendant son sommeil, je me suis levée deux fois et sur la pointe du pied, bien doucement, j'ai été l'embrasser au front... Je n'ai jamais connu ma mère !

ANDRÉ.
Bientôt vous en aurez une.

MARIANNE.
Tenez, monsieur André, tout cela me paraît trop beau pour y croire !

ANDRÉ.
Eh bien ! quand vous serez ma femme, je veux que vous soyez si heureuse, que vous disiez encore : J'ose à peine y croire.

SCÈNE IV.
LES MÊMES, OCULI.

OCULI, rentrant.
Iscariote n'attend plus que vous pour partir, monsieur André.

ANDRÉ.
Je vais à la ville pour donner avis de l'audacieuse évasion de ce brigand.

MARIANNE.
Est-ce qu'il était de la bande des chauffeurs ?

ANDRÉ.
Il l'a avoué.

OCULI, avec désespoir.
J'en étais bien sûr qu'il y en avait...

ANDRÉ.
Il dit que ses compagnons errent de côté et d'autre, et ce matin on vient de me rapporter qu'on a vu des hommes de mauvaise mine rôder autour du parc du baron de Spachman.

OCULI, qui est à la porte de droite.
Iscariote gratte, crie, rue, mord,... tout ça à la fois... Il paraît avoir envie de s'en aller tout seul,

SCÈNE V.

Les Mêmes, Mme DUMOUTIER.

Me DUMOUTIER, *descendant du moulin.*

Comment, paresseux, tu n'es pas encore parti? Dépêche-toi, les jours sont courts, et je ne veux pas que tu t'attardes.

MARIANNE.

Entendez-vous, monsieur André.

ANDRÉ.

Rassurez-vous, ma bonne mère... Qui est ce qui reconduira Marianne chez son père, puisque Brindavoine n'est pas ici? Ah! ce sera toi, Oculi, qui accompagnera Marianne.

OCULI.

Monsieur André, j'aurais peur.. pour mademoiselle!

ANDRÉ.

On te donnera un fusil, poltron!

OCULI.

Non pas, j'irai; mais pas de fusil... on me le prendrait et on me tuerait avec.

Mme DUMOUTIER.

André, je t'en prie, monte à cheval et va-t-en.

ANDRÉ.

Je pars, je pars; adieu ma mère, adieu Marianne.

(Il sort par la porte de droite, Oculi le suit.)

SCÈNE VI.

Les Mêmes, excepté ANDRÉ.

MARIANNE.

Merci, madame, de toutes vos bontés; mon père pourrait être inquiet; si vous le permettez, je vais partir avec Oculi.

Mme DUMOUTIER.

Allez, mon enfant... Quelques mots de M. le curé...

MARIANNE.

Il vous a déjà parlé?

Mme DUMOUTIER.

Ne rougissez pas, mon enfant, nous nous reverrons bientôt. (A Oculi qui rentre.) Es-tu prêt, Oculi?

OCULI.

Oui, madame. (On entend dans le lointain le cri du hibou.) Allons, voilà le hibou qui n'est pas encore couché; vilaine bête, va... Mais puisque j'accompagne mademoiselle Marianne, vous ne pourriez pas me donner quelqu'un pour m'escorter.

Mme DUMOUTIER.

Tu as peur?

* Marianne, Mme Dumoutier, André, Oculi.

MARIANNE.

Que veux-tu qu'il arrive en plein jour?

OCULI.

En plein jour, on voit le danger; c'est bien plus effrayant.

(Marianne fait ses adieux à Mme Dumoutier, et sort avec Oculi par la porte charretière.)

SCÈNE VII.

Mme DUMOUTIER, PIERRE, qui est sorti du moulin pour descendre un sac et qui est encore sur le palier.

Mme DUMOUTIER.

Lendormi n'est pas de retour?

PIERRE.

Non, madame.

Mme DUMOUTIER.

C'est étonnant, et tout le monde est aux champs?

PIERRE.

Oui, madame.

Mme DUMOUTIER.

Qui reste encore ici?

PIERRE.

Nous ne sommes plus que quatre, moi, Bertin, Eustache et son cousin.

SCÈNE VIII.

Les Mêmes, OCULI, rentrant épouvanté, puis **MARIANNE.***

OCULI, *traversant la scène en courant.*

Au secours! au secours! les voilà!

Mme DUMOUTIER.

L'imbécile! Qui?

OCULI.

Ils sont tout noirs; ils ont l'air de démons.

Mme DUMOUTIER.

Il est fou! Pierre, allez donc voir.

MARIANNE, *rentrant avec terreur.*

Ah! madame, les brigands!

Mme DUMOUTIER.

Les chauffeurs!

MARIANNE.

A cent pas d'ici.

Mme DUMOUTIER, *aux gens du moulin.*

Vite! vite! fermez les portes!

(Pierre vient fermer la porte charretière et mettre la barre.)

MARIANNE, *avec désespoir.*

Le voile tombe!... Oh! j'ai vu! j'ai vu! j'ai bien vu....

Mme DUMOUTIER, *revenant à Marianne, avec terreur.*

Et mon fils?

* Oculi, Marianne, Mme Dumoutier.

MARIANNE.

Ah! (Se reprenant avec un cri de joie.) Non, non, de l'autre côté.

(Elle indique la porte de droite.)

OCULI.

J'aime mieux mourir de peur que d'être tué.

Mme DUMOUTIER, appelant.

Magdeleine, Brigitte, les fusils, les faux! (Deux servantes sortent du rez-de-chaussée du moulin; la troisième, du moulin même.—Montrant la porte de droite.) Pierre, cette porte! cette porte!

PIERRE, courant à la porte de droite et voulant la fermer.

Il y a quelqu'un qui pousse en dehors... Un fusil!... un fusil!...

(La servante du rez-de-chaussée lui apporte un fusil.)

SCÈNE IX.

LES MÊMES, FRANVAL, LENDORMI.

FRANVAL, poussant la porte.

Diable! aurais-je dit, quand j'étais soldat; est-ce comme cela qu'on accueille les gens?

Mme DUMOUTIER.

Ah! monsieur Franval, les chauffeurs.

(Tout le monde se groupe autour de lui.)

FRANVAL.

Les chauffeurs!

MARIANNE, à part.

Ah! c'est lui! je l'ai bien reconnu!

PIERRE, du haut de l'échelle.

Les voilà!

FRANVAL.

C'est donc vrai!... Allons, toutes les femmes, rentrez.

Mme DUMOUTIER.

Mais...

FRANVAL.

Il n'y a pas de mais... Toutes les femmes dans le moulin!

OCULI, courant le premier.

Les femmes! j'en suis. Quand j'ai peur, je renonce à mon sexe.

(Il monte l'escalier et court s'enfermer dans le moulin.)

Mme DUMOUTIER.

Ne vous exposez pas.

FRANVAL.

Soyez tranquille. (Aux femmes.) Soutenez donc cette pauvre Marianne, elle ne voit plus, elle n'entend plus. (Mme Dumoutier, Marianne et une servante qui aide à la soutenir, entrent au rez-de-chaussée; les deux autres servantes montent au moulin en même temps qu'Oculi; le curé reste seul avec les quatre garçons et Lendormi. Tandis que les femmes rentrent, aux hommes.) A nous, maintenant, mes enfants, il ne faut pas vous le cacher, si nous ne nous défendons pas vigoureusement, nous sommes morts. (A un garçon.) Toi, va barricader la porte. (La porte de droite.)

LE GARÇON.

Oui, monsieur le curé.

FRANVAL, à Pierre.

Embusque-toi là... et ménage ta poudre.

(Il va se placer à une meurtrière qui se trouve dans le mur de clôture, près la porte charretière.)

PIERRE.

Oui, commandant.

FRANVAL.

Commandant, soit. (A un autre.) Toi sur l'escalier, et avertis-nous. (Le troisième garçon monte et se place près du moulin. A Lendormi, lui montrant le petit hangar.) Toi, de ce côté... Pauvre garçon! il ne comprend pas.

(Pendant que tout le monde prend ses places indiquées, Lendormi entre sous le hangar; il cherche sous la paille, en tire une petite carabine dont il visite la pierre et l'amorce, puis il la replace sous la paille et se couche dessus.)

LE GARÇON, près la porte du moulin.

Ils approchent; ils arment leurs fusils.

FRANVAL.

Veux-tu bien te mettre à couvert.

PIERRE, qui est à la meurtrière.

Joue!

FRANVAL, l'arrêtant.

Un instant, il faut qu'ils attaquent les premiers, et que le sang qui va couler retombe sur eux.

LE GARÇON, du moulin.

Monsieur le curé, je...

(Coup de feu du dehors; il tombe.)

FRANVAL.

Ah! je t'avais dit... Feu! feu! mes enfants; assassiné! mort! mort!

(Pierre et un autre font feu par la meurtrière. Un troisième de dessus l'escalier.)

PIERRE.

Ils sont trop près; je ne peux plus atteindre. Ils veulent enfoncer le mur avec une poutre.

FRANVAL, apercevant une petite charrette.

Monte là-dedans, et tire par-dessus le mur.

PIERRE.

Mais il faut se découvrir, c'est dangereux... J'ai des enfants...

FRANVAL.

Ah! tu as raison... (Il monte dans la charrette.) Tiens! mets-toi derrière moi. (Pierre se place derrière le curé et fait feu.) Eh bien, tu vois, ce n'est pas plus dangereux que cela?

PIERRE, regardant.

En voilà un qui tombe, un de ceux qui tenaient la poutre.

FRANVAL, regardant à son tour.

Ils reculent!

(Il descend de la charrette.)

PIERRE, toujours dans la voiture.
Maintenant, je n'ai plus peur.
FRANVAL.
Ferme à la meurtrière ; courage ! mes amis.
PIERRE, de la charrette, effrayé.
Ils reviennent !
FRANVAL.
Oh ! une arme ! une arme ! Eh ! après tout, n'est-ce pas mon troupeau ?... Ne dois-je pas le défendre des loups ? A moi, un fusil ! (On ébranle le mur.)
PIERRE.
Le mur va s'écrouler ; nous sommes perdus !
FRANVAL.
Rentrons dans le moulin ; la fusillade a dû s'entendre de loin... on viendra à notre secours... Passez ! passez ! (On monte.) Emportez donc ce pauvre malheureux !
(Le curé et les garçons ont remonté l'escalier en emportant l'homme tué ; au moment où ils sont en haut, le mur du fond s'écroule, et les chauffeurs, couverts de voiles noirs, ou la figure noircie, entrent avec des cris.)

SCÈNE X.

LENDORMI, GAUFFRÉ, ROLAND, BRINDAVOINE, LE BARON, CHAUFFEURS.*

LE BARON.
Malédiction ! cinq hommes tués à l'attaque d'une pareille masure.
BRINDAVOINE.
Ils sont rentrés tous.
ROLAND.
Ils étaient prévenus. (A Gauffré.) Je te dis que tu as été vu par une jeune fille qui s'est enfuie.
GAUFFRÉ.
A quel moment ?
ROLAND.
Quand ton voile est tombé.
GAUFFRÉ.
Impossible !
ROLAND.
Heureusement, il n'en échappera pas un.
LE BARON, qui a disposé ses hommes et examiné le moulin.
Emportez cette bicoque.
LES CHAUFFEURS.
Au moulin ! au moulin !
GAUFFRÉ.
Il est inutile de s'exposer.
(Il se cache derrière un tronc d'arbre d'où il tire. Les chauffeurs montent à l'assaut, mais un feu bien nourri les repousse ; il en tombe plusieurs ; ils redescendent en tumulte.)

* Lendormi (sous le hangar), Gauffré, Roland, Brindavoine, le baron.

LE BARON.
Comment, vous lâchez pied, misérables ! (Il tire sa montre et la pose sur un tonneau.) Si, dans cinq minutes vous n'avez pas enlevé cette bicoque, je brûle la cervelle à ceux qui ne se seront pas fait tuer.
TOUS.
A l'assaut ! à l'assaut !
UN CHAUFFEUR.
Moi, je tire en plein dans la fenêtre derrière laquelle j'aperçois le curé.
(Le chauffeur est près du hangar. Lendormi, qui s'est levé de sa paille, a suivi tous les mouvements des brigands ; il ajuste celui qui va viser le curé et le tue.)
LENDORMI.
Onze !
(Il se remet sur la paille.)
LE BARON.
Courage, amis !
(Les chauffeurs envahissent l'escalier du moulin ; le feu se ralentit.)
LE BARON.
La poutre, pour enfoncer la porte !
(On apporte par la brèche une énorme poutre, pour enfoncer la porte. Au moment où elle arrive en scène, on entend André crier au dehors.)

SCÈNE XI.

LES MÊMES, ANDRÉ, PAYSANS ARMÉS.

ANDRÉ.
A moi, enfans ! Les chauffeurs ! à mort ! à mort !
(La porte de droite est enfoncée, André et une foule de paysans entrent et font feu.)
LE BARON.
André !
ANDRÉ.
Feu ! feu !
LE BARON.
Malédiction ! En retraite, camarades ; en retraite !
(Les chauffeurs se replient vers la gauche avec leur chef, tout en continuant de faire feu.)
ANDRÉ.
Courage dans le moulin ! Une sortie !
(Les garçons meuniers sortent, et garnissent l'escalier en tirant.)
LE BARON, montrant la brèche du mur.
A sept heures, à la chapelle. (Les chauffeurs se retirent et se répètent les uns aux autres.) Sept heures, la chapelle ! (Le baron sort le dernier ; les paysans poursuivent les chauffeurs, les gens du moulin descendent l'escalier.)

SCÈNE XII.

LENDORMI, ANDRÉ, LE CURÉ, MARIANNE, Mme DUMOUTIER, GARÇONS MEUNIERS, PAYSANS.

ANDRÉ.
Ma mère! Marianne!
Mme DUMOUTIER.
André! mon fils!
ANDRÉ.
Marianne, quelle terreur sur votre visage!
MARIANNE, bas.
Vous saurez pourquoi.
ANDRÉ, bas.
Parlez!
MARIANNE, bas.
A vous seul.
ANDRÉ, bas.
Tout ce monde...
MARIANNE, bas.
A six heures, à la chapelle.
ANDRÉ, bas.
J'y serai.
FRANVAL, trouvant la montre laissée sur le tonneau.
Une montre!
Mme DUMOUTIER, regardant.
André, la montre de ton père!
PIERRE.
Je l'ai vu mettre là, par le chef.
ANDRÉ.
Les chauffeurs de la ferme étaient là... Je jure que jusqu'au dernier! (Aux garçons.) Feu... feu!.. mes amis.

(Les meuniers et des paysans restés près du moulin et sur l'escalier, font une dernière décharge dans la direction suivie par les chauffeurs. Lendormi qui est toujours resté sous son hangar, reprend à mi-voix : *Le hibou des bois*, etc. Marianne, pâle et tremblante, est soutenue par André et Mme Dumoutier.)

ACTE TROISIÈME.

Le théâtre représente un site pittoresque, à l'extrémité du parc du baron dont on aperçoit la grille à droite. Au deuxième plan, chemin au milieu des arbres. Au fond, rochers que parcourent divers sentiers. A gauche, commencement de forêt. Au troisième plan, à droite, chapelle en avant de la grille du château; dans la partie qui fait face au spectateur, une croisée en ogive dont les vitraux sont cassés; au dessous, au milieu des broussailles, entrée d'un souterrain.

SCÈNE I.

GAUFFRÉ, BRINDAVOINE, CHAUFFEURS.

Au lever du rideau, la scène est vide; on entend à la droite un cri de hibou, le même cri est répété à la gauche, et on l'entend partir encore du milieu des broussailles qui cachent l'entrée de la caverne. Les broussailles s'écartent et un chauffeur qui en sort laisse apercevoir les marches qui descendent au souterrain. Brindavoine sort du bois à gauche. Gauffré sort du château; il commence à faire nuit.

GAUFFRÉ.
Le signal a été répété, nous n'avons rien à craindre.
BRINDAVOINE.
Père Gauffré, voilà ce pauvre Gros-Pierre qu'on va vous apporter.
GAUFFRÉ.
Ils n'en finiront pas, c'est le huitième; oh! ils se sont défendus comme des lions dans ce maudit moulin.
BRINDAVOINE.
Heureusement les souterrains du château qui communiquent à la chapelle sont vastes, nos camarades pourront s'y guérir.
GAUFFRÉ, à part.
Compte là-dessus. (Haut.) Sans doute, mon spécifique est excellent.

BRINDAVOINE.
Vous vous mêlez de tout, père Gauffré; vous savez le règlement comme si vous l'aviez fait, et vous connaissez la médecine. (Brindavoine regardant la boîte de pilules que tient Gauffré.) Et dire qu'avec une de vos petites pilules...
GAUFFRÉ.
Entendons-nous; voilà l'automne qui finit; la saison n'est pas bonne pour les blessures.
BRINDAVOINE.
Mais je croyais que c'était l'hiver qui était mauvais?
GAUFFRÉ.
L'hiver est mauvais et l'été est bien dangereux, sans que l'automne en soit meilleur; chaque blessure a sa saison; si on la reçoit dans un autre temps, fût-ce une égratignure, elle peut être mortelle. Il y a très peu de blessures des quatre saisons. Après cela, il y a encore des circonstances de profession; ainsi dans notre état, pour les blessures dans un endroit apparent, il y a peu de chances de guérison.
BRINDAVOINE.
Ça, c'est vrai... A la dernière attaque de diligence, il n'y a eu que Philémon de blessé d'un coup de feu qui lui a emporté le nez; ça n'avait

ACTE III, SCÈNE II.

pas l'air dangereux... Vous lui avez donné une de vos pilules et il en est mort.

GAUFFRÉ.
Parce que la blessure était trop apparente.

BRINDAVOINE.
C'est drôle, tout de même.

GAUFFRÉ, très vite.
Imbécile! tu ne vois pas que c'est le contact de l'air qui subtilise les plaies par les molécules venimeuses répandues dans l'atmosphère; les blessures qui ne sont pas défendues de son influence malfaisante par un vêtement quelconque qui les neutralise et absorbe les miasmes délétères... Hein?...

BRINDAVOINE.
Bien sûr que si vous parlez latin, vous aurez raison. (Deux chauffeurs apportent Gros-Pierre blessé et le posent à terre au milieu du théâtre.) Tenez, voilà ce pauvre Gros-Pierre... Quelle balafre!.. Si celui-là en revient...

GAUFFRÉ, à Gros-Pierre. *
Eh bien, mon garçon, comment allons-nous?... (A part.) S'il était vu, il n'en faudrait pas davantage pour nous faire tous découvrir... Avec sa cicatrice en plein visage... Est-ce qu'il se moque du monde, donc? (Haut.) Eh bien! tu ne me réponds pas?... Le chat nous a donc égratigné?

GROS-PIERRE, gémissant.
Hen!... hen!...

GAUFFRÉ.
C'est bon signe, c'est bon signe, ce que tu dis là. Tiens, prends-moi ça. (Lui donnant une pilule.) Tu l'avaleras ce soir en te couchant.

GROS-PIERRE, gémissant.
Hen! hen! hen!

GAUFFRÉ.
Ce soir, tu n'y penseras plus, gros coquin.

BRINDAVOINE.
Vous lui dites cela; mais j'ai peur qu'il n'en revienne pas.

GAUFFRÉ.
S'il en meurt, bien sûr... Emportez-le, vous autres... Je vais voir mes autres malades.

BRINDAVOINE.
Je vous recommande Vert-de-Gris qui a une balle dans l'œil.

GAUFFRÉ, s'en allant.
C'est bien visible! c'est bien visible!

BRINDAVOINE.
Pas pour lui toujours.

(On emporte Gros-Pierre dans le souterrain. Gauffré suit les chauffeurs; Brindavoine va entrer avec lui dans le souterrain, lorsque Roland, qui sort du parc, vient à lui.)

* Brindavoine, Gros-Pierre, Gauffré, chauffeurs.

SCÈNE II.
ROLAND, BRINDAVOINE, LENDORMI.

ROLAND, frappant sur l'épaule de Brindavoine.
Un instant, le maître demande des nouvelles du village. Tu as eu le front de retourner au moulin?

BRINDAVOINE.
Le maître l'avait voulu. J'ai dit que je m'étais oublié en pêchant des truites dans le petit ruisseau. J'ai fait le bon valet; on ne s'est douté de rien, et j'ai entendu ce scélérat de M. André, dire en montant à cheval, qu'il allait à la ville dénoncer l'attaque et demander qu'on envoyât un détachement de maréchaussée.

ROLAND.
Elle sera bien reçue, sa maréchaussée... Et le curé?

BRINDAVOINE.
Il est resté au moulin.

ROLAND.
On ne saura donc pas où est le trésor dont le maître nous a parlé?

BRINDAVOINE.
Les 300,000 francs?

ROLAND.
Oui, le curé devait aller à la ville pour savoir où ils étaient déposés.

BRINDAVOINE.
Eh bien, il n'y est pas allé à la ville; il y a envoyé Lendormi à sa place, chez un notaire.

ROLAND.
Lendormi, un imbécile pareil!

BRINDAVOINE.
Raison de plus, on ne s'en méfie pas. Il est toujours assez malin pour porter une lettre, et assez bête pour recevoir un coup de fusil.
(Lendormi descend les rochers, ses sabots suspendus à son cou par une ficelle; il aperçoit les brigands, s'approche d'eux et les écoute sans être vu.)

ROLAND.
Un coup de fusil?

BRINDAVOINE, montrant la route.
J'ai posté Sans-Quartier et l'Étoffé qui attendent là-bas, en embuscade... Il faut qu'il passe par ce chemin-là en retournant chez le curé. Lendormi ne leur échappera pas; on s'emparera ensuite de la lettre qui contient l'indication de la cachette où sont les 300,000 francs. Au lieu d'expédier le curé, on expédie cet imbécile de Lendormi dont la disparition sera à peine remarquée.

LENDORMI, à part, montrant la lettre.
Mais dam!...

ROLAND.
Et si par hasard il ne passe pas par là et qu'il remette la lettre au curé?

BRINDAVOINE.
Alors, tant pis pour le curé... c'est lui qui sera tué puisqu'il viendra au château pour enlever le trésor.

ROLAND.
C'est juste ; je vais tout rapporter au maître et le prévenir au sujet de la maréchaussée. Puisqu'ils viennent nous rendre visite, je suis d'avis que la politesse veut que l'on aille au devant d'eux.

BRINDAVOINE.
Va ! moi, j'ai peur qu'on ne me donne une pilule à Vert-de-Gris. (Il entre dans le souterrain.)

SCÈNE III.
LENDORMI, seul, puis MARIANNE.
Il suit des regards, autant qu'il peut, les brigands qui se séparent. Roland rentre par le parc, Brindavoine dans le souterrain, mais Lendormi ne peut le voir. Lorsqu'il est seul, il va avec précaution déposer sous un taillis, sa carabine qu'il tenait attachée à sa ceinture, sous sa blouse, puis il examine en silence la lettre qu'il apporte, et se gratte la tête avec tous les signes d'un extrême embarras. Il finit par dire avec une expression de chagrin :
Je ne sais pas lire !...

MARIANNE, entrant par les rochers.
Je tremble... Mon Dieu, ayez pitié de moi ! Pourvu que personne au monde ne me voie.
(Elle achève de descendre.)

LENDORMI.
(Il l'aperçoit, prend sa résolution, brise le cachet, et va à Marianne en lui présentant la lettre ouverte.)
Lisez !

MARIANNE, effrayée.
Ah !...

L'ENDORMI, d'une voix suppliante et lui faisant signe de se taire.
Lisez !

MARIANNE.
Que veut-il dire? (Elle prend le papier et lit.) « Près du troisième pilier à gauche du chœur de » la chapelle, sous une large pierre marquée » d'une croix. »

LENDORMI, avec une extrême attention.
Encore.

MARIANNE, relisant.
« Près du troisième pilier à gauche du chœur » de la chapelle, sous une large pierre marquée » d'une croix. » Qu'est-ce que cela signifie?

LENDORMI, reprenant la lettre.
Mais dam !
(Il regarde la chapelle, paraît réfléchir; puis tout-à-coup déchire le papier dont il jette les morceaux et rentre rapidement par le petit portail.)

MARIANNE, le regardant aller.
Pauvre garçon !

SCÈNE IV.
MARIANNE, puis ANDRÉ.

MARIANNE.
Me voilà seule !... André n'est pas venu encore. J'ai peur ! et pourtant je suis bien aise qu'il ne soit pas venu... Que lui dire? Que je suis la fille d'un... Non, non, jamais je n'oserai lui faire cet horrible aveu.... Et cependant si je lui dis : notre mariage est impossible, sans lui donner de raison, il croira que je l'ai trompé... Oh ! non, non, plutôt mourir mille fois que de mériter son mépris... Je l'entends... Oh ! mes forces m'abandonnent.

ANDRÉ ; il entre en fredonnant gaîment ; apercevant Marianne.
Comment? ici, avant moi, mademoiselle Marianne... Oh ! je serais honteux si je n'étais pas si content.

MARIANNE.
Monsieur André... je...

ANDRÉ.
Dites donc, mademoiselle Marianne, savez-vous que c'est un rendez-vous que vous m'avez donné là ?...

MARIANNE.
C'est que j'ai à vous dire des choses... des choses bien tristes, monsieur André.

ANDRÉ.
Et moi qui venais si joyeux... Mais, qu'est-ce donc?

MARIANNE.
D'abord, monsieur André, il faut que vous me juriez...

ANDRÉ.
De vous aimer toujours ?

MARIANNE.
Non... non... Oh ! pas cela.

ANDRÉ.
Comment ! vous ne voulez pas que je vous aime toujours?

MARIANNE.
Écoutez, monsieur André, jurez-moi, sur la mémoire de votre père, que vous ne révélerez à personne ce que je vais vous dire ici.

ANDRÉ.
Vous m'effrayez.

MARIANNE.
Le jurez-vous?... Je ne puis parler qu'à cette condition.

ANDRÉ.
Je le jure, mais encore, pourquoi ?...

MARIANNE.
Je dois, quoiqu'il m'en coûte... oh ! oui, quoiqu'il m'en coûte le bonheur de ma vie, je dois tout vous dire.

ANDRÉ.
Tout me dire !

MARIANNE.

Oui, et quand vous saurez cet affreux secret!...

ANDRÉ.

Un secret affreux!...

MARIANNE.

Vous plaindrez au moins la pauvre Marianne.

ANDRÉ.

Au nom du ciel, expliquez-vous.

MARIANNE.

Silence!... On vient.

ANDRÉ, la retenant et regardant au fond.

Soyez sans crainte, c'est le curé.

MARIANNE.

Laissez-moi fuir ; qu'on ne me voie pas avec vous.

ANDRÉ.

Pourquoi ?

MARIANNE.

Il y va de la vie.

ANDRÉ.

Pour qui ?

MARIANNE.

Pour tous deux, peut-être.

ANDRÉ.

Mais que je sache...

MARIANNE.

Quand il sera parti, là... (Montrant la chapelle.) Je vous attends.

(Elle entre précipitamment dans la chapelle ; pendant les derniers mots de la scène, on a vu Lendormi descendre par la fenêtre en ogive, portant une cassette. Il saute légèrement à terre, va prendre sa carabine, la cache sous sa blouse et disparaît par la gauche ; pendant ce temps, le curé est descendu en scène.)

SCÈNE V.

ANDRÉ, LE CURÉ.

ANDRÉ, s'asseyant.

Je ne sais, mais malgré moi je me sens effrayé... Ah! je veux savoir... Tâchons d'éloigner le curé.

LE CURÉ, à part.

Diable!... aurais-je dit quand j'étais soldat... Voici André... et le baron qui me recommande de venir seul... Tâchons d'éloigner André.

ANDRÉ, se levant.

Bonsoir, monsieur Franval.

LE CURÉ.

Bonsoir, mon garçon ; que diable fais-tu là à cette heure ?

ANDRÉ.

Je reviens de la ville où j'ai demandé une escouade de maréchaussée qui me suit de près.

LE CURÉ.

C'est très bien ; mais il se fait tard ; ta mère serait inquiète ; tu feras bien de retourner au plus tôt la rassurer.

ANDRÉ.

Sans doute, monsieur le curé ; mais je me sens un peu las... L'émotion de ce matin... la fatigue... (Il s'assied.) Ah!...

LE CURÉ, à part.

Comment! il s'asseoit? (Haut.) Allons donc, un peu de courage ; ça n'est pas si loin... Allons, en route, mauvaise troupe.

ANDRÉ.

Monsieur le curé, si vous étiez assez bon, en retournant au presbytère, pour entrer chez nous, vous rassureriez ma mère, et je pourrais me reposer un peu ici. Comme vous l'avez dit, pauvre mère, elle serait bien inquiète, tandis que si vous vouliez..

LE CURÉ.

Vraiment... Si je voulais? (A part.) Il m'envoie promener... Si je pouvais seulement l'éloigner de cette chapelle, j'y reviendrais tout-à-l'heure. (Haut.) Ainsi tu es bien fatigué ?

ANDRÉ.

Horriblement, monsieur le curé.

LE CURÉ.

C'est dommage, car je ne vais pas au presbytère, mais d'un côté tout opposé... Je ne suis plus très ingambe... Il faut que je prenne par cette montée qui est rude, et je t'aurais demandé l'appui de ton bras.

ANDRÉ.

A vos ordres, monsieur le curé... (A part.) Au haut de la colline, je le laisserai pour revenir ici.

LE CURÉ.

Comment! tu es si fatigué?.. Te faire monter cette rude côte, ce serait pitié.

ANDRÉ.

Je vous assure que ce petit moment de repos a suffi.

LE CURÉ.

A la bonne heure... Eh! bien, j'accepte ton bras. Allons, viens. (A part.) Au haut de la côte, je le laisse et je reviens ici trouver le baron. (Ils s'éloignent en se donnant le bras.)

ANDRÉ, à part.

Pourvu que Marianne m'attende!..

(Le curé donnant le bras à André s'éloigne par les sentiers ; pendant la dernière partie de la scène, Brindavoine et Gauffré sont sortis du souterrain avec précaution ; ils ont entendu parler et se sont avancés en scène à mesure que les deux personnages s'éloignent.)

SCÈNE VI.

BRINDAVOINE, GAUFFRÉ, puis LE BARON et ensuite ROLAND et les CHAUFFEURS.

BRINDAVOINE.

Le curé, André!.. (Il les suit et va se placer au coin du parc tandis qu'ils gravissent les rochers. Apprêtant son fusil.) Si je faisais coup double?

GAUFFRÉ.

Ca va.

BRINDAVOINE.

Joue!.. (Il les met en joue.)

GAUFFRÉ.

Feu !

LE BARON, sortant du parc, suivi de Roland.

Bas les armes !..

BRINDAVOINE.

Pierre le Noir !..

LE BARON.

Maladroit !..

BRINDAVOINE

C'est André !..

LE BARON.

André soit... mais le curé?.. Vous ne savez donc pas que Lendormi a échappé à l'embuscade.

GAUFFRÉ.

Ah ! diable!...

LE BARON.

Sans doute, en ce moment, il attend avec sa lettre le curé au presbytère.

GAUFFRÉ.

Très bien, je comprends. Il faut laisser le brave curé aller chercher cette bienheureuse lettre. Il viendra nous la communiquer, et alors...

LE BARON.

Qu'on les suive, qu'on les épie, mais que rien ne trouble leur sécurité. Et d'abord fais mouvoir le ressort qui communique à la cloche des souterrains... Que tout le monde se réunisse ici.

BRINDAVOINE.

Oui, maître ! (Il va pousser un ressort sur la pierre qui ferme le souterrain. Les chauffeurs commencent à sortir.)

LE BARON.

Toi, Gauffré fais faire quelques apprêts dans la chapelle comme pour un mariage, afin de leurrer le curé... (Gauffré transmet cet ordre; deux brigands entrent dans la chapelle; les chauffeurs forment un demi-cercle autour du baron.) Camarades, pour venir en aide à Jean l'Écorcheur nous avons été obligés de nous écarter de nos règles ordinaires. La prudence nous a enseigné depuis longtemps à n'agir que sur un point éloigné du lieu de notre demeure, cependant aujourd'hui, nous tous qui habitons dans les environs, nous avons attaqué le moulin et nous allons être forcés d'attaquer quatre hommes de la maréchaussée qui ont l'imprudence de venir à nous. Gauffré, choisis huit hommes pour ce coup de main, et qu'on ne fasse pas de grâce à nos ennemis. Après quoi il sera bon de demeurer dans l'inaction pendant quelque temps pour dérouter tous les soupçons dans le pays. Voilà mon avis, donnez le vôtre.

ROLAND.

Il serait le nôtre si nous étions restés inconnus aux habitants du moulin; mais l'un de nous a été reconnu.

LE BARON.

Qui ?

Gauffré!

LE BARON.

Par qui?..

ROLAND.

Par une jeune fille qui a signalé votre approche.

LE BARON.

Quelle est cette jeune fille ?

ROLAND.

Je ne la connais pas.

UN CHAUFFEUR, sortant de la chapelle.

Maître, il y a quelqu'un caché dans la chapelle.

LE BARON.

Un traître encore.

ROLAND, entrant dans la chapelle.

Je vais m'en assurer.

LE BARON.

Quel qu'il soit, il mérite la mort, s'il a surpris nos secrets.

LES CHAUFFEURS.

Oui, oui; la mort ! la mort !

ROLAND, sortant de la chapelle.

C'est elle !...

LE BARON.

Qui ?..

ROLAND.

La jeune fille qui a reconnu Gauffré, qui a dénoncé notre arrivée au moulin.

LES CHAUFFEURS.

A mort !.. à mort !..

SCÈNE VII.

LES MÊMES, MARIANNE, jetée violemment devant les chauffeurs par Roland. *

LE BARON.

Marianne !..

GAUFFRÉ.

Ma fille !..

MARIANNE.

Mon père !.. le baron !.. (Moment de silence.)

BRINDAVOINE.

La sûreté avant tout. Maître, exécute nos réglemens comme ce matin.

GAUFFRÉ, bas au baron.

L'article 22 est formel; mais c'est dommage; notre fortune est perdue.

LES CHAUFFEURS.

A mort ! à mort !

LE BARON.

Silence !.. elle ne périra pas! (Rumeurs.)

ROLAND.

Pierre le Noir, tu oublies...

LE BARON, élevant la voix.

Elle ne périra pas... car j'en fais ma femme.

* Gauffré, le baron, Marianne, Roland, Brindavoine.

(Il la fait passer à droite.) Elle prêtera notre serment et sera notre complice.

GAUFFRÉ, vivement aux chauffeurs.

L'article 4 est formel.

MARIANNE, courant se jeter aux genoux des chauffeurs.*

Jamais! jamais! ah! tuez-moi plutôt...

BRINDAVOINE.

Elle a raison. C'est plus sûr, et elle ne mourra pas seule; André était ici tout-à-l'heure avec elle.

LE BARON.

André doit mourir.

MARIANNE.

André... il va revenir... grâce pour André.

LE BARON.

Je ne puis le sauver; il sait nos secrets.

MARIANNE.

Je vous jure qu'il ne sait rien.

LE BARON.

Eh! bien, alors votre main; et je jure de le sauver.

UN CHAUFFEUR, du haut des rochers.

Voici le curé.

LE BARON.

Le curé! (A Marianne.) Si vous voulez sauver André, vous le pouvez. Que tout le monde se retire et qu'on ne vienne qu'à mon signal. (Il donne bas quelques ordres à Roland, qui les transmet à divers chauffeurs. Le baron tient par la main Marianne tremblante. A Gauffré.) Reste avec nous. (Tandis que le curé descend, les chauffeurs rentrent par les diverses issues. Gauffré prend Marianne et reste un peu en arrière du baron.)

○○

SCÈNE VIII.

MARIANNE, LE CURÉ, LE BARON, GAUFFRÉ.

LE BARON, allant au curé.**

Eh! bien, monsieur le curé, votre démarche?

LE CURÉ.

Après cette attaque pour laquelle vous n'avez pu être prévenu à temps, j'ai pensé qu'au lieu d'aller à la ville, il valait mieux envoyer quelqu'un. Lendormi que j'ai expédié, devrait être de retour depuis long-temps; il n'a pas encore paru; j'ai craint de vous faire attendre, et je suis venu... Mais vous n'êtes pas seul.

LE BARON.

Monsieur le curé, ce matin je vous avais parlé d'un mariage secret que je désirais contracter... Un voyage imprévu qui m'oblige de quitter le pays très prochainement, demain peut-être, me force de précipiter le moment de mon bonheur... J'ai fait faire quelques apprêts dans la chapelle. Voici ma fiancée... et son père.

* Gauffré, le baron, Marianne, etc.
** le Curé, le baron, Marianne.

LE CURÉ.

Marianne!... c'est impossible!... Vous épousez le baron?

LE BARON, bas.

Votre réponse condamne ou sauve André.

MARIANNE, avec effort.

Oui!...

GAUFFRÉ.

Elle est si contente... la joie... l'émotion.

LE CURÉ.

Vous épousez volontairement M. le baron?

MARIANNE, dominé par le regard menaçant du baron.

Oui!

LE BARON.

Je suis heureux, par cette alliance, de rendre un éclatant hommage aux vertus de mademoiselle Marianne.

LE CURÉ.

Je ne bénirai pas ce mariage.

LE BARON.

Comment?... Qui s'oppose?...

GAUFFRÉ.

La loi est formelle; elle consent, le père consent, je consens?

LE CURÉ.

Je répète que je ne consacrerai pas ce mariage avant d'avoir entretenu Marianne... seule... un instant...

LE BARON.

Mais c'est tout simple, monsieur le curé. (Bas à Marianne.) Un mot, et vous perdez cet homme. S'il refuse, André meurt. (Haut.) Retirons-nous, mon cher Gauffré.

GAUFFRÉ.

Mon très honoré gendre...

(Ils rentrent dans le parc; mais, pendant la scène qui suit, on les voit plusieurs fois se rapprocher pour écouter.)

○○

SCÈNE IX.

MARIANNE, LE CURÉ, puis LE BARON, GAUFFRÉ.

LE CURÉ.

Mon enfant, ce que je viens d'entendre est-il donc possible?

MARIANNE.

Oui, monsieur le curé. J'accepte la main de M. le baron; c'est la vérité.

LE CURÉ.

Volontairement?

MARIANNE.

Volontairement.

LE CURÉ.

Et André?

MARIANNE, vivement.

Ah! ne me parlez pas de lui.

LE CURÉ.

Vous voyez bien. On vous contraint à cette union; le baron a deux fois votre âge... André vous aime

tendrement ; toutes les chances de bonheur sont réunies dans votre mariage avec lui.
MARIANNE.
Je le sais... non . je le croyais.
LE CURÉ.
Et qui vous a fait changer d'opinion?
MARIANNE.
Rien.
LE CURÉ.
Je vous dis, moi, qu'il y a là un mystère que je ne puis pénétrer... je vous dis que ce mariage vous épouvante... je vous dis que je ne le ferai pas.
MARIANNE, à part.
Si je parle, il est mort. S'il refuse de me marier, ils vont tuer André qui, dans un moment, sera ici... Mon Dieu !... mon Dieu !...
LE CURÉ.
Voyons, mon enfant, dites-moi tout bien franchement... Votre père aime l'argent, je le sais ; sans doute c'est lui qui vous oblige... L'obéissance filiale est louable, mais elle a des bornes ; je vais parler à Gauffré.
MARIANNE.
Monsieur le curé, n'en faites rien ; ne croyez pas cela ! C'est moi.
LE CURÉ.
Vous ?...
MARIANNE.
Oui, l'ambition, la fortune, des titres.
LE CURÉ, sévèrement.
Ah ! Marianne !... Marianne !... Mais non, c'est impossible... Quand on préfère de vains titres, de vains plaisirs à un amour sincère, on est égoïste, on ne regrette rien, on marche à l'autel sans remords, le front haut, le regard orgueilleux, et vous avez l'air d'une victime. Malheureuse enfant, je vous dis que ce mariage ne se fera pas.
MARIANNE.
Monsieur le curé, je vous en supplie, à genoux, à genoux ; ne me refusez pas... Si je suis si triste, ce n'est pas pour moi ; mais c'est de la peine que ça va causer à ce pauvre André, voilà tout !
LE CURÉ.
Voilà tout !... Et ce n'est rien de briser le cœur d'un honnête homme qui ne pense qu'à vous, qui ne vit que pour vous, à qui vous avez fait des promesses qui, dès qu'elles ne vous engagent pas, deviennent des parjures !
MARIANNE, avec accablement.
C'est vrai... c'est vrai !...
LE CURÉ.
Je ne prêterai pas les mains à un pareil oubli de vos sermens... La ville est proche... Demain, après-demain, le baron vous y conduira, et là, un prêtre, qui ne saura pas comme moi le passé, vous mariera... moi, jamais !...
MARIANNE, à part.
Demain, après-demain... et André. Ah ! mon Dieu ! que faire ?...

LE CURÉ.
Marianne, adieu !...
MARIANNE.
Monsieur le curé, ne vous en allez pas. Il faut que ce mariage se fasse.
LE CURÉ.
Tais-toi, tais-toi... ou d'horribles soupçons..
MARIANNE.
Il le faut, vous dis-je.
LE CURÉ.
Mais, malheureuse ! c'est donc une honte à réparer ?
MARIANNE.
Ah !... (Puis, reprenant à part avec résolution.) Qu'importe, qu'on me croie avilie, puisque je ne dois pas épouser André. (Haut.) Eh ! bien, me refuseriez-vous encore ?
LE CURÉ.
Moi, qui l'appelais mon enfant !
MARIANNE.
Grâce !... grâce !... Peut-être demain le baron changera-t-il de résolution... et la réparation qu'il m'offre aujourd'hui...
LE CURÉ.
Vous avez raison, relevez-vous : Je vous marierai.
MARIANNE.
Vous consentez ?
LE CURÉ.
Il le faut !
MARIANNE, à part, avec exaltation.
André vivra.
LE CURÉ, à part.
Pauvre André !... Ah ! c'est affreux.
(Le baron et Gauffré rentrent en scène.)
LE CURÉ, au baron.
Monsieur le baron.... je consens à bénir votre union ; j'entre un moment dans la chapelle pour me recueillir et faire les préparatifs.
(Il entre dans la chapelle.)
GAUFFRÉ.
Madame la baronne, je te fais mon compliment.*
UN CHAUFFEUR, venant du fond.
André !...
LE BARON.
Voici André; prenez bien garde ! votre sort et le sien vont se décider.. Nous sommes là, de tous les points nos balles peuvent l'atteindre. Si vous dites un mot que nous ne puissions pas entendre.... si le curé lui parle... si, avant cinq minutes, avant que vous ayez entendu trois fois le hibou, il ne vous a pas quittée, c'est fait de lui.
(Le baron entre dans le taill à Gauffré.)

* Marianne, le baron.

SCÈNE X.
ANDRÉ, MARIANNE.*

ANDRÉ.

Enfin, je suis parvenu à éloigner le curé. Elle est seule.

MARIANNE, à part.

Je me sens mourir ! De tous côtés, des assassins !

ANDRÉ.

Marianne, si vous saviez avec quelle impatience j'attendais le moment de vous revoir. Ce secret que vous avez à me confier ?

MARIANNE.

Moi, non... non..., je n'ai pas de secret !

ANDRÉ.

Ne m'avez-vous pas dit de revenir ici pour l'apprendre ?

MARIANNE.

Non, je n'ai rien dit.. affirmez que je n'ai rien dit.

ANDRÉ.

Il est vrai, vous avez gardé le silence.. Mais votre main est glacée ; et vous portez autour de vous des regards effrayés. Craignez-vous quelqu'un ?

MARIANNE.

Oui, on peut venir.

ANDRÉ.

Ne craignez rien, depuis la déroute de ces brigands à qui j'ai juré une haine mortelle.

(Cri de hibou.)

MARIANNE.

Ah !...

ANDRÉ.

Tenez, Marianne, vous n'êtes pas dans votre état naturel ; vous tremblez !

MARIANNE.

Oui... le froid.. Ces rochers, le soir, sont si humides...

ANDRÉ.

Prenez mon bras... je vais vous ramener chez votre père.

MARIANNE.

Non... non... laissez-moi.

ANDRÉ.

Que je vous laisse...

MARIANNE.

Oui, laissez-moi seule.

ANDRÉ.

Seule... la nuit.. dans cet endroit écarté... Marianne... vous m'effrayez ; je ne vous laisserai pas ici, et de gré ou de force...

(Cri de hibou.)

MARIANNE, s'arrachant de ses bras avec une angoisse de désespoir.*

Mon Dieu, mais je ne sais plus que faire !

* Marianne, André.

ANDRÉ.

Vous me fuyez en vain ; à défaut d'amour, l'humanité m'ordonne de rester.

MARIANNE, revenant rapidement à lui.

André, si vous aimez votre mère, partez.

ANDRÉ.

Ma mère !... Que dites-vous ?

MARIANNE.

Est-ce que vous ne sentez pas un danger ?

ANDRÉ.

Un danger !... pour ma mère !

MARIANNE.

Oui, oui, un danger qui la tue.

ANDRÉ.

Elle, Marianne, elle !...

MARIANNE.

Une minute encore, et il ne sera plus temps !

ANDRÉ, avec une horrible indécision.

Ma mère !.. Marianne !...

MARIANNE.

Votre mère !...

ANDRÉ.

Mais vous ?... vous ?

MARIANNE.

Votre mère, vous dis-je !... Je vous jure qu'elle en mourra.

ANDRÉ, avec un violent effort.

Adieu, Marianne !... adieu !...

(Il fuit par les rochers qu'il gravit.)

MARIANNE, s'affaissant sur ses genoux.

Ah ! mes forces sont épuisées.

SCÈNE XI.

MARIANNE, LE BARON, GAUFFRÉ, sortant de la gauche ; BRINDAVOINE, ROLAND, sortent du parc ; DES DOMESTIQUES, les suivent portant des flambeaux.

MARIANNE, apercevant le baron.

Est-il sauvé ?

LE BARON.

Je l'ai juré.

GAUFFRÉ, à Brindavoine et à Roland, en leur montrant le côté où est sorti André.

Moi, je n'ai rien juré, suivez-moi tous deux ce gaillard-là et à cent pas d'ici...

(Roland et Brindavoine suivent les traces d'André.)

LE BARON à Marianne.

Remettez-vous ; voici le curé.

GAUFFRÉ, ramassant les débris de la lettre jetée par Lendormi.

Qu'est-ce que cela ? (Il rapproche les morceaux et lit.) Le trésor est à nous !

(Il entre dans la chapelle au moment où le curé qui en sort se dirige vers Marianne.)

LE CURÉ.

Vous êtes toujours décidée ?

MARIANNE.
J'ai promis.

GAUFFRÉ, à part, sortant de la chapelle.
Enlevé! Le curé tantôt en s'en allant enlevait le magot!... On ira le lui demander cette nuit.

(Le cortége est près d'entrer dans la chapelle. On entend un coup de feu; tout le monde s'arrête. Inquiétude de Marianne.)

MARIANNE.
C'est un coup de fusil!

LE BARON.
Quelque braconnier, sans doute.

GAUFFRÉ, à part.
André n'est plus à craindre.

LENDORMI, entrant par la gauche avec précaution et cachant sa carabine sous le taillis.
Douze!...

QUATRIEME ACTE.

Dans un enfoncement à droite, chambre du presbytère faisant face au public, une croisée donnant sur la rue. La porte d'entrée faisant également face au public. Au dessous de la croisée, une trappe de cave. A gauche du public, une porte conduisant au cimetière : près de cette porte, un prie-Dieu sur lequel est posé un bréviaire; à droite, la porte de la chambre à coucher du curé. En avant de cette porte, un petit bureau garni; au dessus du bureau est accroché le serpent d'Oculi. Au delà de la porte de droite, une bibliothèque chargée de livres. Une lampe suspendue à la muraille du fond, éclaire le théâtre.

SCÈNE I.

OCULI, montant de la cave, un panier sous le bras, une bouteille à la main et un bougeoir.

Ah! mon Dieu! j'ai entendu quelque chose... Non... c'est le vent... Remettons-nous. (Il boit.) Voilà trois fois que je me remets depuis le bas de l'escalier... Maudite maison isolée... Je serais en danger... j'aurais beau crier... personne ne m'entendrait... D'un côté, l'église; de l'autre, la grande route, et par là, le cimetière... Brrr! comme c'est gai... (Il boit.) M. le curé tarde bien à rentrer... Les maîtres sont-ils égoïstes de laisser comme cela... les domestiques tout seuls... Après tout, il n'y a rien à voler ici, excepté la soutane neuve de M. le curé que j'ai appelée Alexandrine... A propos d'Alexandrine, où est donc Benoît?... Ah!... le voilà. (A son serpent accroché.) Vous voilà donc, mauvais sujet... à qui vous êtes le Benoît?... Hein... Eh bien! c'est drôle; ça ne tient pas du tout compagnie... et je m'ennuie autant que si j'étais seul. M. le curé ne peut tarder maintenant, pourvu qu'il ait trouvé la clé du cimetière à l'endroit convenu, dans le cas où il reviendrait par le bois... Le bois! la nuit! avec des chauffeurs dans le pays! c'est affreux à penser; remettons-nous. (Il boit.)

SCÈNE II.

ANDRÉ, OCULI, puis LENDORMI.

LENDORMI, qui est entré par la porte de gauche, apercevant Oculi.
Ah!

OCULI, avec terreur.
Ah! Qui est-ce qui dit : Ah? C'est donc toi qui te permets de me faire peur, et qui t'es attardé pour ça, poltron! Par où es-tu entré?

LENDORMI.
Par le cimetière.

OCULI.
Tu as laissé, bien sûr, la porte ouverte? Hein? Tu es donc une buse, un crétin... Mais parle donc...

LENDORMI.
Mais, dam!...

OCULI.
Tiens, vois-tu, j'ai une cruche, une grosse bête de cruche que j'ai appelée Eudoxie... Eh bien! auprès de toi, Eudoxie c'est... vois-tu... comme 2 et 2 font 4 Comprends-tu ça au moins, bête brute?

LENDORMI.
Mais, dam!...

OCULI.
Il me donne des envies de le... Allons voir si tout est bien fermé.

(Il sort par la porte du fond.)

SCÈNE III.

LENDORMI est à peine seul qu'il sort de l'apathie somnolente où il paraît plongé; il tire la cassette de dessous sa blouse; il cherche où il pourra la cacher, après avoir visité plusieurs coins. Il va à la bibliothèque, en tire un gros in-4°, prend son couteau, ôte toutes les feuilles et les remplace par la cassette, puis remet le livre ainsi garni dans la bibliothèque. Pendant ce jeu de scène, il chante d'un ton traînant :) Le hibou chante à la brune. (On entend la voix du curé.)

Le curé! à la ville, moi! et cette nuit encore au château; mais pas seul.

(Il se sauve par la porte de gauche.)

SCÈNE IV.

LE CURÉ, OCULI, entrant par la porte du fond.

LE CURÉ.

Je te dis, imbécile, que la porte du cimetière était fermée.

OCULI.

Par où sera-t-il entré alors?

LE CURÉ.

Qui?

OCULI.

Lui.

LE CURÉ.

Qui, lui?

OCULI.

Mais lui... Lendormi.

LE CURÉ.

Il est donc ici?

OCULI.

Qui?

LE CURÉ.

Lui... et la lettre?

OCULI.

Laquelle?

LE CURÉ.

Tiens! quand j'étais soldat, je t'aurais secoué les oreilles pour voir si ça t'aurait rendu moins bête...

OCULI.

C'est drôle... Ça n'aurait pas été mon idée, à moi.

LE CURÉ.

Où est la lettre que Lendormi a rapportée pour moi, à son retour de chez le notaire de la ville?

OCULI.

Monsieur le curé! que Benoît se joue tout seul et de lui-même tous les airs du lutrin, si Lendormi m'a remis une lettre.

LE CURÉ.

Il ne t'a rien remis!

OCULI.

Aussi vrai qu'Alexandrine est bien proprement ployée en quatre dans votre tiroir, avec du camphre sur elle... de peur des vers...

LE CURÉ.

Hein?

OCULI.

Alexandrine?.. la grande?.. la grande soutane neuve.

LE CURÉ. *

Je crois qu'il est encore plus bête que Lendormi; j'ai eu tort de confier à ce pauvre idiot une commission à la fois si simple et si importante.

OCULI.

C'est vrai qu'il est bête comme une oie; j'en ai une nouvelle preuve.

LE CURÉ.

Comment!

* Oculi, le Curé.

OCULI.

Tantôt, j'avais fait ma visite au cimetière... tout était en règle, rien de nouveau; il n'a fait que passer, le petit gueux. Eh bien! il y a deux grosses coches de plus à la croix de son père.

LE CURÉ.

C'est singulier.

OCULI.

Non; moi je trouve ça très bête.

LE CURÉ.

Allons! va tout fermer... Quoique nous soyons tout près du village, on ne saurait prendre trop de précautions... Heureusement, mes portes sont épaisses, mes barreaux solides; il faudrait un siège en règle pour entrer ici de force... et, au bruit... le village entier serait bientôt ici... Va.

OCULI.

Je vas tout clore. (Il sort par le fond.)

LE CURÉ, un instant seul.

Plus j'y songe, moins je puis pénétrer ce mystère... Marianne... Marianne... est-ce bien possible... elle... dégradée à ce point, obligée de cacher sa honte par un mariage inespéré, sans doute, mais qui ne lui offre aucune chance de véritable bonheur... Et ce pauvre André... sait-il déjà cette nouvelle fatale?

OCULI, revenant.

Monsieur le curé, je parie que vous ne pourrez pas me réveiller demain matin; vous aurez beau m'appeler; ah ben oui!

LE CURÉ.

Ce garçon m'a été donné par la Providence pour m'habituer à la patience.

OCULI.

Je ne vous répondrai pas, monsieur le curé. — Pourquoi? — Parce que voilà je ne sais combien de nuits que je veille de peur, et que celle-ci je dormirai de confiance... vu le renfort qui nous arrive.

LE CURÉ.

Un renfort!

OCULI.

Quatre gendarmes... Rien que ça...

LE CURÉ.

Et où sont-ils?

(Les chauffeurs déguisés en gendarmes entrent.)

OCULI.

Les voici, les braves gens, les bonnes gens; j'ai envie d'appeler le sabre de ce grand, Jonathas, et ses bottes, Geneviève.

SCÈNE V.

LES MÊMES, QUATRE GENDARMES, puis ROLAND, en brigadier.

UN GENDARME.

Monsieur le curé Franval.

LE CURÉ.

C'est moi, mon brave.

LE GENDARME, lui donnant une lettre.
Une lettre du bourgmestre de la ville.

LE CURÉ, lisant.

« Monsieur le curé, d'après l'attaque si auda-
» cieuse des chauffeurs, contre le moulin, je crois
» devoir, pour la sûreté du village, celle des habi-
» tans et la vôtre, vous envoyer un brigadier et
» quatre cavaliers de maréchaussée. Le presbytère
» étant situé de façon à ce que ce poste soit très
» bien placé pour la sûreté générale, vous vou-
» drez bien, pendant quelques jours, conserver ces
» cinq hommes chez vous. »

— Certainement; et où donc est votre brigadier ?

UN GENDARME.

Il attachait son cheval à l'écurie; le voici.

ROLAND, habillé en brigadier de maréchaussée. *
Pardon, monsieur le curé... j'aurais dû vous pré-
senter mes hommes.

LE CURÉ.

Qui a été vous chercher à la ville ?

ROLAND.

M. André Dumoutier, qui nous a quittés dans
le bois pour aller où on l'attendait, je crois; car
il nous harcelait de ses recommandations d'aller
plus vite.

LE CURÉ.

Cela est très juste. Mais, que vois-je? Cette
lettre est tachée de sang !

ROLAND.

J'ai été blessé en venant ici.

LE CURÉ.

Blessé, par qui ?

ROLAND.

Par un parti de chauffeurs qui nous a attaqués;
mais ça n'est rien, monsieur le curé. (On sonne.)

LE CURÉ.

Oculi, va voir qui sonne.

OCULI.

Oui, monsieur le curé.

(Il sort un moment.)

LE CURÉ.

Vous, mes amis, vous allez vous reposer. Il suf-
fira que l'un de vous veille; les autres seront sur
pied à la première alerte.

OCULI, rentrant.

Monsieur le curé, Mlle Marianne.

LE CURÉ, étonné.

Marianne !

OCULI.

Avec un domestique de M. le baron.

LE CURÉ.

Fais-la entrer, et veille à ce que ces braves gens
ne manquent de rien.

ROLAND.

Merci, monsieur le curé, nous avons tout ce qu'il
nous faut.

* Oculi, gendarmes, Roland, le Curé.

LE CURÉ.

Marianne, à cette heure !

(Ils sortent par le fond. Marianne, guidée par Oculi,
entre par la même porte.)

SCÈNE VI.
MARIANNE, LE CURÉ.

LE CURÉ, sévèrement.

Vous ici !

MARIANNE.

Monsieur le curé, ce n'est plus l'enfant venant
à l'ami qui l'accueillait avec tendresse, c'est une
femme qui vient vous prier de l'écouter.

LE CURÉ, sévèrement.

Demain l'église s'ouvrira pour tout le monde.

MARIANNE.

Si une inconnue venait à vous ce soir, et vous
priait de lui épargner une nuit de torture, une
éternité de peines, peut-être, en laissant son cœur
gros de regrets et de désespoir s'épancher devant
vous.

LE CURÉ.

Mon devoir serait de l'écouter.

MARIANNE.

Si cette femme vient vous révéler ce que nul
autre que vous ne doit connaître?

LE CURÉ.

Je dirai encore à cette femme : vous pouvez
parler.

(Il va se placer dans le grand fauteuil près de son bureau. Marianne s'assied près de lui, sur un petit ta-
bouret.)

MARIANNE.

Ce matin, quand j'ai aperçu les chauffeurs qui
venaient au moulin, l'un d'eux a laissé tomber son
voile; je l'ai reconnu, mais je ne l'ai nommé à
personne.

LE CURÉ.

Le salut général veut que vous le fassiez connaître.

MARIANNE.

Ce chauffeur est mon père !

LE CURÉ.

O ciel !

MARIANNE, vivement.

Cette révélation, je ne la fais qu'à vous.

LE CURÉ, se remettant.

Continuez.

MARIANNE.

J'ai voulu dire à André, sans lui faire connaître
toute la vérité, qu'il ne devait plus penser à moi ;
je l'attendais près de la chapelle... Les brigands
m'ont surprise, reconnue, et se sont écriés : « Il
faut qu'elle périsse... » J'étais résignée, leur chef,
le baron....

LE CURÉ.

Le baron !

MARIANNE, vivement.
Vous seul m'entendez.
LE CURÉ, se remettant.
Poursuivez.
MARIANNE.
Le baron a dit : Qu'elle soit ma femme, et elle ne périra pas !...... J'aimais mieux mourir, mais on a dit : André va venir ; il faut qu'il périsse aussi ! Alors, j'ai consenti... vous refusiez de faire le mariage, pour vous décider, j'ai fait un mensonge contre moi-même... Vous vous taisez... vous me condamnez ?
LE CURÉ.
Non, mon enfant, je pleure.
MARIANNE, sa voix faiblit peu à peu et finit par éclater en sanglots.
Quand vous avez été parti, les forces m'ont manqué ; j'ai demandé à vous voir ; j'ai juré sur la croix de revenir aussitôt, et je suis venue vous prier de m'entendre, pour qu'il y eût quelqu'un au monde qui ne me méprisât pas ; et puis pour que vous me disiez des paroles de pitié et de pardon.
LE CURÉ.
Un pardon ! Ah ! dans mes bras ! dans mes bras !... Pauvre enfant ! tant de désespoir, tant de courage.
MARIANNE.
Oh ! il m'en a bien fallu.
LE CURÉ, essuyant ses yeux, et avec énergie.
Et vous croyez que ce mariage impie, sacrilège, ne sera pas rompu.
(Il se lève.)
MARIANNE, vivement.
Vous ne savez rien.
LE CURÉ.
Je ne vous laisserai pas au pouvoir de ce bandit.
MARIANNE.
J'ai juré de retourner.
LE CURÉ.
Mais c'est un sort épouvantable.
MARIANNE.
André ne sera pas perdu pour sa mère ; elle voulait me nommer sa fille, je lui conserve son fils.
LE CURÉ.
Mais que deviendra-t-il, lui ?
MARIANNE.
C'est pour lui aussi que je suis venue ; il faut qu'il parte au point du jour, cette nuit, à l'instant ; aujourd'hui, il en est temps encore, je puis le protéger ; mais demain, demain il serait trop tard ! Promettez-moi de le voir, de lui parler, de le consoler, car il va être aussi bien malheureux, lui !... Dites-lui bien qu'il parte, il le faut... Puis, surtout, tâchez qu'il ne me haïsse pas trop ; dites-lui avec l'autorité de votre parole que, malgré les apparences, j'ai toujours été digne de lui... et il vous

croira, vous... et il aura au moins une bonne pensée... un regret pour la pauvre Marianne.
LE CURÉ.
Je lui dirai tout cela, je te le promets.
MARIANNE.
Et maintenant, si je ne dois plus vous revoir....
LE CURÉ.
Que dis-tu ?
MARIANNE.
Bénissez-moi.
LE CURÉ.
Ah ! je te bénis de la voix, des mains, du cœur ; mais reste !
MARIANNE.
Adieu, j'ai juré.
VOIX D'OCULI, en dehors.
Monsieur André, par ici !
LE CURÉ.
André !... Dieu l'envoie... il saura bien te convaincre, lui. (Il va vers la porte.) André... André !...
(Il sort un instant.)
MARIANNE.
André !... Adieu pour toujours... (Elle se rapproche vivement du prie-Dieu, cache un billet dans le bréviaire.) Quand il trouvera ce billet, je ne souffrirai plus...
(Elle sort par la porte de gauche.)

SCÈNE VII.
ANDRÉ, LE CURÉ, puis OCULI.

LE CURÉ.
Venez... venez mon ami...
ANDRÉ.
Enfin, je vous trouve !
LE CURÉ, à part, en se retournant.
Où est-elle ? Elle n'aura pas osé supporter sa vue... Dans ma chambre, sans doute... (Haut.) Mais qu'avez-vous ?... Votre habit et votre gilet sont déchirés...
ANDRÉ.
Oui, j'ai été attaqué dans le bois.
LE CURÉ.
Attaqué !
ANDRÉ.
Un de mes adversaires est tombé, frappé par une main invisible ; l'autre, je l'ai saisi, et la lune a éclairé des traits dont je me souviendrai toute ma vie !... Mais, laissons cela, monsieur le curé... Je suis bien malheureux !... Marianne me trompe... Je ne sais que penser d'elle... Elle m'a fait un affreux et cruel mensonge ; elle n'est pas de retour à l'auberge de son père.
LE CURÉ.
André ; mon ami... du courage !
ANDRÉ.
Vous me faites peur... Qu'y a-t-il ?

LE CURÉ.
André... croyez-vous à ma parole... à ma foi?...
ANDRÉ.
Oh! parlez... parlez...
LE CURÉ.
Eh bien, je vous jure devant Dieu que Marianne est l'âme la plus belle, la plus généreuse qu'il y ait au monde... Entendez-vous, André...
ANDRÉ, avec joie.
Oh!... je vous crois... Ah! quel bonheur de vous croire... Je l'aime tant!
LE CURÉ.
André... ce n'est plus de l'amour qu'il faut avoir pour elle... c'est du respect... c'est de la reconnaissance.
ANDRÉ.
Du respect... de la reconnaissance?
LE CURÉ.
Elle vous a sauvé la vie.
ANDRÉ.
Marianne...
LE CURÉ.
A un prix terrible... car elle vous aimait... autant que vous l'aimiez, peut-être.... et...
ANDRÉ.
Et... vous pâlissez... Qu'avez-vous; mais elle est donc morte!
LE CURÉ.
Non...
ANDRÉ.
Mais alors...
LE CURÉ.
Elle est mariée...
ANDRÉ.
C'est faux...
LE CURÉ.
Malheureux enfant, c'est moi qui l'ai mariée.
ANDRÉ.
Elle, mariée!... oh! l'infâme.
LE CURÉ.
André!... André... taisez-vous.
ANDRÉ.
Infâme... parjure... infâme!
LE CURÉ.
Mais malheureux, elle est là... Vous la tuez...
ANDRÉ, courant à la chambre à gauche.
Là... Oh! oui... qu'elle meure sous mes reproches.

(Il entre un moment.)

LE CURÉ.
André... André...
ANDRÉ, revenant.
Personne...
LE CURÉ.
Marianne... Marianne!...

* André, le Curé, Oculi.

SCÈNE VIII.

LES MÊMES, OCULI, entrant du fond et fermant la porte derrière lui.*

OCULI, avec la plus grande terreur.
Ah! mon Dieu... mon Dieu... mon Dieu!...
LE CURÉ.
Où est Marianne?...
OCULI.
Sortie.. Un des gendarmes l'a conduite.. Oh! les gendarmes....
ANDRÉ.
Où?... où?...
OCULI.
Au domestique du baron qui l'attendait.
ANDRÉ.
Le baron... C'est lui... Oh! sa vie, celle de Marianne...*
LE CURÉ, le retenant.
André... reste... reste ici.
ANDRÉ.
Sa vie! vous dis-je.
OCULI, s'attachant à son bras.
Ne nous abandonnez pas... Si vous saviez... les gendarmes.
ANDRÉ, s'échappant.
Laisse-moi... laisse-moi!...
LE CURÉ.
André... je vous prie... je vous ordonne.
ANDRÉ, sortant.
Je le tuerai... vous dis-je.
(Il échappe au curé et sort par la porte à gauche.)

SCÈNE IX.
LE CURÉ, OCULI.

LE CURÉ.
Ah! le malheureux...
OCULI, avec le plus grand effroi.
Nous sommes perdus... Vous l'avez laissé s'en aller... nous sommes perdus...
LE CURÉ.
Perdus... Quoi?... Comment?...
OCULI.
Les gendarmes... les gendarmes...
LE CURÉ.
Eh bien!... après... les gendarmes...
OCULI.
Sauvons-nous... sauvons-nous!...
LE CURÉ, le retenant.
Parleras-tu?
OCULI.
Au secours!...
LE CURÉ.
Il est fou!

* Le curé, André, Oculi.

ACTE IV, SCENE IX.

OCULI.

Les gendarmes... des gens masqués... ils s'entendent... A la fenêtre basse, des gens masqués... ils ne me voyaient pas... Les gendarmes les aidaient à scier la grille...

LE CURÉ.

Les gendarmes !...

OCULI.

Chauffeurs déguisés... Je suis venu, vous ne m'avez pas... laissé... achever... Nous sommes morts...

LE CURÉ.

Ah !.. je devine... Mon Dieu !... il est trop tard. Oculi, ferme les volets de la fenêtre, vite... vite...

OCULI.

Mon Dieu ! ayez pitié de nous. (Il va fermer les volets intérieurs de la croisée.)

LE CURÉ.

Abandonnons-leur le reste de la maison ; cette porte est solide... ils ne l'enfonceront pas.

OCULI.

Je suis mort.

LE CURÉ.

Et pas d'armes... pas d'armes... (On frappe à la porte.)

OCULI.

C'est fini.

LE CURÉ.

Silence !

VOIX DE ROLAND.

Monsieur le curé.

LE CURÉ.

Que voulez-vous ?

LA VOIX.

Vous parler... c'est le brigadier... Il s'agit de quelques dispositions à prendre...

LE CURÉ.

Je n'ouvre pas.

LA VOIX.

Ouvrez... ouvrez...

LE CURÉ.

Vous êtes des brigands... je vous ai reconnus...

LA VOIX, changeant de ton.

Alors, ouvre ou tu es mort !

LE CURÉ.

Je n'ouvrirai pas.

LES VOIX.

Nous t'égorgeons... nous enfonçons la porte...

OCULI.

Vous entendez...

LE CURÉ.

La porte est solide... essayez... (La porte est ébranlée à plusieurs reprises.)

OCULI.

Ils vont l'enfoncer.

LE CURÉ.

Ah ! ce meuble. (Il tire et place la commode devant la porte.) Là... elle résiste. (Le bruit de la rue cesse, ils écoutent.) Ils se retirent.

OCULI.

Nous sommes sauvés.

LE CURÉ.

J'en doute... Entr'ouvre les volets ; regarde par la fenêtre.

OCULI.

Ils tireront sur moi.

LE CURÉ.

Ils n'oseraient... ils attireraient le village... Ah ! je conçois leur ruse maintenant... ils ne pouvaient s'introduire ici de vive force.

OCULI, qui a entr'ouvert un des volets.

Non... je ne vois rien... Ils ne peuvent sortir sans que je les aperçoive...

LE CURÉ.

Rien... rien... ce silence est plus effrayant que le bruit de tout à l'heure. Ils préparent quelque combinaison infernale ; nous sommes perdus !... Allons, mon garçon, du courage... Meurs en homme et en chrétien.

OCULI.

Grâce... grâce...

LE CURÉ.

Celui qui peut faire grâce est là-haut ; s'il veut nous appeler à lui, que sa volonté soit faite ! Il a voulu que la mort me fût moins amère, puisque mes deux enfans sont malheureux. Du courage... une dernière prière. (Il prend le bréviaire ; le papier mis par Marianne tombe.) Qu'est-ce que cela ?

OCULI, montrant la porte.

Monsieur le curé... regardez donc.

LE CURÉ, lisant.

Adieu... priez pour moi.... Demain, je ne souffrirai plus.

OCULI.

De la fumée... ils brûlent la porte... (La fumée sort de dessous la commode.)

LE CURÉ.

Ah ! la malheureuse ! un suicide !.. Sauvons-la... il en est temps encore.

OCULI, épouvanté.

Le feu !... le feu !...

LE CURÉ.

Ouvre cette porte.

OCULI.

Cette porte...

LE CURÉ, la débarricadant.

Il sera trop tard peut-être.

OCULI.

Il est mort !... (Il se sauve dans la cave.)

SCÈNE X.

LE CURÉ, GAUFFRÉ, ROLAND, FAUX GENDARMES, CHAUFFEURS.

A peine la porte est-elle ouverte par le curé, que les chauffeurs se précipitent sur lui.

LE CURÉ. *

Malheureux... je suis prêtre... c'est un double crime...

ROLAND.

Saisissez-le... Garrotez-le...

LE CURÉ.

Prenez tout ce qui est ici... Laissez-moi sortir.

GAUFFRÉ.

Sortir ! rien que ça !...

LE CURÉ.

Laissez-moi... il y va de la vie d'une malheureuse enfant. (On le force à s'asseoir.)

ROLAND.

Il y va de ta vie à toi, si tu ne nous livres pas les 300,000 francs.

GAUFFRÉ et LES CHAUFFEURS.

Le trésor...

LE CURÉ.

Je ne l'ai pas... Je vous le donnerais, et tous ceux de la terre pour une heure de liberté !... Monstres... laissez-moi !... (Il se débat.)

ROLAND.

Le trésor...

LE CURÉ.

Je ne l'ai pas, vous dis-je...

GAUFFRÉ, qui a regardé dans la chambre, à droite.

Il y a du feu... dans cette chambre.

ROLAND, l'entraînant.

Viens donc...

LE CURÉ, entraîné.

Grâce !... elle va paraître devant Dieu coupable d'un crime.

GAUFFRÉ.

Allez... allez... jusqu'à ce qu'il parle. (On l'entraîne.) Et nous, cherchons...

UN CHAUFFEUR, brisant un meuble.

Rien...

AUTRE CHAUFFEUR, devant un autre meuble.

Rien, non plus...

AUTRE CHAUFFEUR, cherchant dans la commode.

Peut-être là.

GAUFFRÉ.

Il y a des cachettes, sans doute... sondez les murs.

CHAUFFEUR, venant de la chambre.

Il n'avoue rien...

GAUFFRÉ.

Continuez... voici de quoi. (Il lui jette des livres de la bibliothèque.) Eh bien ?

ROLAND, sortant de la chambre du curé.

Pas une plainte ! Il prie... je n'ose pas rester. (Il traverse la scène et va se placer du côté opposé.)

* Gauffré, le Curé, Roland, Chauffeurs.

GAUFFRÉ, jetant toujours les livres.

Poltron... donnez des livres... encore des livres. (Un chauffeur jette un livre, la cassette tombe.) Le trésor... le trésor...

ROLAND.

Le trésor ?

TOUS LES CHAUFFEURS.

Part à tous... part à tous...

(Ceux qui étaient dans la chambre du curé sont sortis, au cri : Le trésor !..)

GAUFFRÉ.

Des papiers ! (Il les parcourt rapidement tandis que les chauffeurs examinent les diamans, les billets de banque, les rouleaux d'or, etc.)

GAUFFRÉ, à part.

Un instant, ma part peut être plus grosse. (Haut aux chauffeurs.) Arrêtez !

LES CHAUFFEURS.

Pourquoi ?

GAUFFRÉ.

Ce trésor appartenait à mademoiselle de Bianville.

CHAUFFEURS.

Eh bien ?

GAUFFRÉ.

Et mademoiselle de Bianville, c'est la femme du maître ; c'est Marianne.

LES CHAUFFEUR.

Marianne !

GAUFFRÉ, prenant la cassette.

Le tour est fait, et bien fait ; emportons la cassette ; le maître prononcera. (Ils sortent sans bruit.)

SCÈNE XI.

LE CURÉ, puis LENDORMI et OCULI.

LE CURÉ, sortant de la chambre en faisant de grands efforts, et tombant en scène, les pieds cachés par le petit bureau.

Marianne, la fille du comte de Bianville ! Ce mariage est nul ! Mon Dieu, des forces... Elle meurt peut-être à cette heure... Je ne puis... André ! Marianne !

LENDORMI, entrant par la gauche, apercevant le curé.

M. Franval !

LE CURÉ, avec douleur.

Ah ! ce n'est que Lendormi.

LENDORMI, voyant le livre à terre.

Le trésor ! Ils sont venus ! et c'est à cause de moi, de ce trésor ! maudissez-moi !

LE CURÉ, surpris.

Quel langage ! Tu comprends ?

LENDORMI.

Oui, oui, je comprends ; ma vengeance touche à son but.

LE CURÉ.

Pauvre malheureux, c'était donc...

LENDORMI.

Vous saurez tout... Il faut vous secourir.

LE CURÉ.

Il faut sauver André.

LENDORMI.
André ! où ?
LE CURÉ.
Au château !
LENDORMI.
Au château ! c'est la mort!.. mais vous? vous ! (On frappe à la trappe du caveau.) Qui frappe?
LE CURÉ.
C'est Oculi.
LENDORMI.
(Il va à la trappe, l'ouvre, fait sortir Oculi et le mène rapidement auprès du curé.) Vois-tu ton maître que tu n'as pas défendu? (Il prend du linge dans les tiroirs de la commode jetés à terre par les chauffeurs et le lui jette.) Panse ses plaies ; s'il peut marcher, mène-le... s'il ne peut pas, porte-le. Oh ! si j'étais fort... En passant, sonne le tocsin, appelle le village ; l'alarme est donnée à la ville, les troupes sont en marche... Au château ! mon père, au château ! André ! il a nourri l'orphelin, il m'a recueilli, protégé ; il aime Marianne... je le sauverai, mon père, je le sauverai. (Il sort en courant.)
LE CURÉ.
Mon Dieu ! protégez-le.

CINQUIÈME ACTE.

Une chambre du château du baron ; au fond, en face, une alcôve. A gauche, dans l'angle, une croisée ; à droite, aussi dans l'angle, la porte d'entrée. Des deux côtés, à la face, portes de cabinets.—A l'avant-scène, à gauche, une table couverte d'un tapis, et sur laquelle brûle une bougie ; papier, plume et encre. A gauche, également à l'avant-scène, un guéridon.—Les rideaux de l'alcôve sont ouverts et laissent apercevoir la réverbération rougeâtre d'un fourneau contenant des charbons allumés. — Il fait nuit complète ; la bougie seule répand une faible lueur dans l'appartement.

SCÈNE I.

(Au lever du rideau, elle est à demi évanouie et renversée sur le bras d'un fauteuil placé à gauche de l'alcôve.)

MARIANNE, seule.

Le baron ne rentrera que lorsque je n'aurai plus à le craindre. (Elle se dirige en chancelant vers la table de gauche, sur laquelle est une lettre commencée.) André, je veux que ces lignes, les dernières que j'ai écrites... vous prouvent que je meurs pure et digne de vous. (Prenant une plume pour signer.) « Adieu ! adieu !... » (La plume lui échappe des mains.) Ma tête s'appesantit. (La lumière de la bougie faiblit doucement et s'éteint.) Cette lumière s'éteint comme ma vie. (Elle fait quelques pas vers la droite.) Quel vertige ! est-ce la mort ? Déjà... déjà ! (Voulant, sans le pouvoir, gagner du côté de la croisée.) De l'air !... (Elle tombe évanouie.)

SCÈNE II.

ANDRÉ, MARIANNE, évanouie.

(André brise la croisée avec fracas et s'élance dans la chambre ; l'obscurité est complète.)

ANDRÉ.

Où suis-je?... Tout-à-l'heure j'ai vu cette chambre éclairée... A l'aide d'un treillage j'ai pu monter ici. (S'arrêtant.) Mais qu'est-ce que j'éprouve ? Je respire à peine. (Un soupir de Marianne.) Il y a quelqu'un !... Une femme !... (Se baissant et l'examinant.) Marianne ! (Regardant vers l'alcôve et apercevant la réverbération.) Ah ! malheureuse !... Je comprends... (Courant à la fenêtre qu'il ouvre.) De l'air !... de l'air !.. (Revenant se jeter à genoux près de Marianne qu'il essaie de faire revenir.) Marianne morte !... Marianne !...

MARIANNE, se ranimant.

André !

ANDRÉ.

Mon Dieu ! soyez béni... Elle vit... elle m'entend !... Marianne... ma bien-aimée... c'est moi... André.

MARIANNE, dans le délire.

Oh ! oui... je t'aime... oui... Nous ne nous quitterons plus, maintenant.

ANDRÉ.

Jamais... Oh ! non... jamais !

MARIANNE.

Jamais, maintenant... dans le ciel... tous deux ; si tu savais... Oh ! j'ai souffert... mais je ne pouvais plus vivre... Et toi... toi, tu es donc mort aussi ?

ANDRÉ.

Oh ! mon Dieu ! mon Dieu, sa raison... Marianne, reviens à toi... C'est André... ton amant, qui est là.

MARIANNE, reprenant ses sens.

André..., où suis-je?... qui me parle?

ANDRÉ.

Marianne, remercions Dieu... Je suis arrivé à temps pour t'arracher à ta funeste résolution.

MARIANNE.

Il est vrai, je renais à la vie... J'existe... Ah !

malheur sur toi et sur moi, André! ton danger me rend la raison... Fuis, malheureux! fuis... Ta vie est menacée.

ANDRÉ.

Je reste... je t'aime... Je ne peux pénétrer cet horrible mystère; mais le curé m'a dit que tu t'étais sacrifiée pour me sauver la vie... Maintenant je le crois... mais ce sacrifice ne s'accomplira pas...

MARIANNE.

Au nom du ciel!... On peut venir... Tu serais perdu.

ANDRÉ.

Qu'ils viennent!

MARIANNE.

Mon Dieu!... Entends-tu ces pas?... Il va venir, et je ne serai pas morte encore!.... Cette fenêtre!...

ANDRÉ.

On vient... enfin...

MARIANNE.

André!... mon Dieu!

SCÈNE III.

Les Mêmes, Le Baron, Domestiques qui apportent de la lumière qu'ils posent sur la table, et sortent.*

LE BARON.

André ici!...

MARIANNE.

Grâce!... grâce! pour lui.

ANDRÉ.

Pas de grâce!... Justice!... Répondez, monsieur; par quel moyen avez-vous contraint cette jeune fille... à vous donner sa main?

LE BARON.

Monsieur... Que faites-vous ici, à cette heure... chez moi?

ANDRÉ.

Je viens vous arracher votre victime.

MARIANNE.

André... Taisez-vous, au nom du ciel.

LE BARON.

Ma victime? Vous êtes fou, monsieur; madame est ma femme... Votre ami, le curé Frauval a béni notre union, et je suis chez moi... Je veux bien avoir pitié de votre dépit amoureux... Mais croyez-moi... n'abusez pas long-temps de ma patience.

MARIANNE au baron.

Vous avez juré de le sauver.

ANDRÉ.

Ne priez pas cet homme, Marianne; car je veux le tuer.

* André, Marianne, le Baron.

MARIANNE.

André... Vous ne savez pas son pouvoir..

LE BARON.

Madame... un mot encore... et...

MARIANNE.

Non, non, André, laissez-moi... J'ai donné à monsieur... ma main librement, et...

ANDRÉ.

Je vous dis qu'elle ne sera pas votre femme, tant que je vivrai.. ou vous me tuerez, ou je vous tuerai.

LE BARON.

Vous ne me tuerez pas.. et elle est ma femme... Tenez.. jeune homme... profitez d'un moment de clémence inespéré.... tout à l'heure il sera trop tard...

ANDRÉ.

Tu n'as donc de courage que contre les femmes?

LE BARON.

Prends garde, tu pourras l'éprouver!

ANDRÉ.

A l'instant.

LE BARON, avec ironie.

Non, demain.

MARIANNE.

André... partez!... partez!...

ANDRÉ.

Lâche!... infâme!..... Je vous frapperai à la figure.

LE BARON.

Porter la main sur moi!

MARIANNE.

Oh! mon Dieu!

ANDRÉ.

Viens!... viens!...

LE BARON.

Tu le veux?

ANDRÉ.

Viens donc...

LE BARON.

Tu es bien jeune... c'est dommage! Suis-moi.

ANDRÉ.

Ah!...

MARIANNE.

André... ne sortez pas... Prenez garde.

ANDRÉ.

Marchons.

LE BARON.

Marchons.

SCÈNE IV.

Les Mêmes, Gauffré, entrant par la petite porte de droite.

MARIANNE.

Mon père!

GAUFFRÉ, sans voir André et posant la cassette sur le guéridon.

Le trésor !... Mais tout se gâte... Des troupes... Sans doute la mort d'André...

ANDRÉ, s'avançant.

Qui vous a dit ?

GAUFFRÉ, stupéfait.

Lui !

LE BARON, s'approchant vers Gauffré et bas.

Qu'y a-t-il ?

GAUFFRÉ, bas.

On cerne le château.

LE BARON, bas.

Défaisons-nous d'abord de cet homme.

GAUFFRÉ, bas.

C'est notre bon diable qui nous l'envoie ; il faut qu'il nous serve d'otage.

ANDRÉ, au baron.

Je vous attends, monsieur.

LE BARON.

Ne vous flattez pas d'attendre long-temps.

∞∞∞∞∞∞∞∞∞∞∞∞∞∞∞∞∞∞∞∞∞∞∞∞∞∞∞∞∞∞

SCÈNE V.

LES MÊMES, ROLAND *.

ROLAND, entrant par la droite et se trouvant face à face avec André.

Maître ! (Il aperçoit André et se détourne.) Il me reconnaît !... de l'audace !

ANDRÉ, à part.

L'homme de la forêt.

ROLAND, bas et vivement.

Maître ! les issues sont cernées ; il ne reste plus que le souterrain.

ANDRÉ, à part.

Sous la livrée du baron.

MARIANNE, à part.

Que se passe-t-il ?

LE BARON, après avoir réfléchi un instant à mi-voix.

Gauffré, conduis nos hommes par le passage de la chapelle. (Gauffré sort. A Roland, haut.) Mon manteau... mes armes...

(Roland entre dans le cabinet à droite.)

ANDRÉ, à part.

Ah ! j'éclaircirai mes soupçons.. (Roland apporte au baron son manteau, ses armes, les pose sur la table et sort.) Ah ! cette montre ! (Il la pose à côté des armes.)

LE BARON. **

Marianne, rentrez ! (Il prend ses pistolets.) Vous, monsieur, vous me suivrez.

MARIANNE, avec explosion.

André, n'y allez pas.

* Marianne, André, Roland, le baron, Gauffré.
** André, le baron, Marianne.

PIERRE LE NOIR.

LE BARON, furieux, se retourne et prend la montre.

Marianne !

ANDRÉ, arrêtant froidement la main du baron.

Pardon, monsieur le baron, vous vous trompez... Cette montre...

LE BARON, le regardant.

Est à moi, monsieur.

ANDRÉ.

Etes-vous sûr ?..

LE BARON, avec impatience.

Très sûr ; ce soupçon... ((Il met la montre dans son gousset.)

ANDRÉ, éclatant.

Ce n'en est plus un... je vois tout... Marianne, cet homme est un infâme... un...

MARIANNE, suppliante.

Ah ! taisez-vous ! taisez-vous !

LE BARON.

Vous êtes donc bien las de vivre ?

ANDRÉ.

Chef de bandits, tu es reconnu.

MARIANNE, retenant le baron.

La mort ! la mort ! à moi la première ?

ANDRÉ.

Ton nom...

LE BARON.

Tu le sauras en mourant. *

MARIANNE, se jetant entr'eux.

Ensemble !

LE BARON.

Eh bien ! soit... deux au lieu d'un. (Il les met en joue.) André, tu as vu Pierre le Noir.

(Coup de feu tiré par Lendormi, qui paraît sur l'appui de la fenêtre. Le baron tombe.)

∞∞∞∞∞∞∞∞∞∞∞∞∞∞∞∞∞∞∞∞∞∞∞∞∞∞∞∞∞∞

SCÈNE VI.

LES MÊMES, LENDORMI, puis GAUFFRÉ, LE CURÉ, OCULI, CHAUFFEURS, MARÉCHAUSSÉE.

LENDORMI, après avoir regardé tomber le baron.

Treize ! (Il saute à terre.)

(Marianne tombe dans les bras d'André.)

LENDORMI, se jetant à genoux.

Mon père, tu es vengé !

ANDRÉ, lui tendant la main.

Lendormi, mon libérateur! (Détonations.)

GAUFFRÉ rentre par la porte de droite, chancelant d'une blessure qu'il vient de recevoir. En tombant :

Touché !... Je crois que j'ai mon affaire.

MARIANNE, voulant courir à lui.

Mon père !

LE CURÉ, entrant soutenu par Oculi et entouré de paysans.

Il ne l'a jamais été, fille du comte de Bianville,

MARIANNE.

Que dites-vous ?

* André, Marianne, le baron.

LENDORMI, prenant la cassette qui est sur la table.
Vos titres... votre fortune...
OCULI.
Décidément, il n'est plus bête.
ANDRÉ.
Marianne, est-ce un rêve?

MARIANNE.
Le comte de Blanville!...
LE CURÉ.
Soldat, j'ai été son ami; prêtre, je retrouve et bénis son enfant.
(Marianne et André se jettent dans ses bras.)

FIN DE PIERRE LE NOIR.

Imprimerie de Boulé et C⁰, rue Coq-Héron, n° 3.

CHEZ TRESSE, LIBRAIRE, SUCCESSEUR DE J.-N. BARBA,
Au Palais-Royal, galerie de Chartres, 2 et 3.

FRANCE DRAMATIQUE AU XIXᵉ SIÈCLE.

Cette collection, qui contient les meilleures Pièces des Auteurs vivans, se continue toujours avec succès. Les éditions dont elle se compose sont les seules exactement conformes aux représentations.

CASIMIR DELAVIGNE.

L'École des vieillards.	60
Les Vêpres siciliennes.	60
Les Comédiens.	60
Le Paria.	60
Louis XI.	60
Don Juan D'Autriche.	60
La princesse Aurélie.	60
Marino Faliero.	60
Famille au temps de Luther.	60
Les Enfans d'Édouard.	60
La Popularité.	60
La Fille du Cid.	60

P. DINAUX.

Nicolas Nickeby.	60
Trente Ans, ou la Vie d'un Joueur.	60
Richard d'Arlington.	60
Louise de Lignerolles.	60
Latréaumont.	60
Clarisse Harlove.	60
La Prétendante.	60
Les Pontons.	60

SCRIBE.

La seconde Année.	30
L'Ours et le Pacha.	30
Malheurs d'un amant heureux.	60
Michel et Christine.	30
Mariage de raison.	60
La Vieille.	60
La Demoiselle à marier.	30
Le Budget d'un jeune ménage.	30
Philippe.	30
La Dame Blanche.	60
Toujours!	30
Dix Ans, ou la Vie d'une femme.	30
Le Lorgnon.	30
Bertrand et Raton.	60
Une Faute.	30
La Chanoinesse.	30
L'Héritière.	30
Le Gardien.	60
Le Charlatanisme.	30
Zoé.	30
Mémoires d'un Colonel.	30
Les deux Maris.	60
La Passion secrète.	60
Estelle.	30
Fra Diavolo.	60
Robert-le-Diable.	60
Avant, Pendant et Après.	60
Gustave III.	60
Valérie.	60
Le Nouveau Pourceaugnac.	30
Le Secrétaire et le Cuisinier.	60
La Prison d'Édimbourg.	50
Le Chalet.	30
Les Indépendans.	60
La Juive.	60
Les Huguenots.	60
La Camaraderie.	60
La Muette de Portici.	60
Clermont.	60
Le Mariage d'argent.	60
Marguerite.	60
Les Treize.	60
La Fiancée.	60
Le Shérif.	60
César ou le Chien du château.	60
Le Philtre, opéra.	60
Malvina.	60
Le plus beau jour de la vie.	60
Louise ou la Réparation.	60
Les premières Amours.	30
Le Colonel.	30
Le Coiffeur et le Perruquier.	30
La Lune de miel.	60
La Mansarde des Artistes.	30
Yelva.	60
La Marraine.	60
Le Quaker.	60
La Famille Riquebourg.	30
Le Verre d'eau.	60
Régine.	60
Reine d'un jour.	60
La Neige.	30
Diplomate.	60
Le Veau d'Or.	60

ALEXANDRE DUMAS.

Henri III et sa Cour.	60
Richard d'Arlington.	60
La Tour de Nesle.	60
Stockholm et Fontainebleau.	60

VICTOR DUCANGE.

Calas.	30
Trente Ans.	60
Il y a Seize Ans.	60
Thérèse.	60
Couvent de Tonington.	60
Sept Heures.	60
La Fiancée de Lammermoor.	60
Polder.	60
Le Jésuite.	60
Lisbeth.	60

MÉLESVILLE.

Le Philtre champenois.	30
Les Vieux Péchés.	30
Zampa.	60
Elle est Folle.	60
Catherine.	30
Michel Perrin.	30
Le Bourgmestre de Saardam.	30
Le Mariage impossible.	30
Mademoiselle Clairon.	60
L'Espionne russe.	60
Permission de 10 heures.	60

BAYARD.

Marie Mignot.	60
Un Premier Amour.	60
Le Poltron.	30
Moiroud et compagnie.	30
Le Père de la Débutante.	60
Suzette.	60
C'est Monsieur qui paie.	30
Phœbus.	60
Geneviève-la-Blonde.	60
La Grande Dame.	60
La Reine de seize ans.	60

PAUL FOUCHER.

Don Sébastien de Portugal.	60
Le Pacte de Famine.	60
Isabelle de Montréal.	60
Guillaume Colmann.	60
Gabrina.	60
Jumeaux Béarnais.	60

CHARLES DESNOYERS.

Vie d'un Comédien.	60
Le Facteur.	60
Alix ou les deux Mères.	60
Richard Savage.	60
Le Général et le Jésuite.	60
La Boulangère a des écus.	60
Les Filles de l'Enfer.	60
Une Jeunesse orageuse.	60

LOCKROY.

Un Duel sous Richelieu.	30
Pourquoi?	30
C'est encore du bonheur.	60
Perrinet Leclerc.	60
Passé Minuit.	60
Le Mari de la Cuisinière.	60

PAUL DE KOCK.

Le Caporal et la Payse.	60
Le Débardeur.	60
La Laitière de la Forêt.	60
Le Postillon franc-comtois.	60
Un Bal de Grisettes.	30
Les Bayadères de Pithiviers.	60

PIÈCES DIVERSES.

Oncle Baptiste, par L. Souveste.	60
Un Veuvage, par Samson.	60
Belle-Mère et le Gendre, par Samson.	60
Voyage à Pontoise, par A. Roger et G. Vaez.	60
La Mère et la Fille, par Mazères et Empis.	60
La Grâce de Dieu, par Denne et Lemoine.	60
Un Monsieur et un Dame, par Xavier, Duvert et Lauzanne.	60
Le Tasse, par A. Duval.	60
L'Éclair, par de Planard et St-George.	60
Trois Quartiers, par Picard et Mazères.	60
Guillaume Tell, par L. Jouy et H. Bis.	60
Le Bourgeois de Gand, par H. Romand.	90
Un Ange au 6ᵉ étage, par Théaulon et Stéphen.	30
Farruck le maure, par Victor Escousse.	60
Glenarvon, par F. Mallefile.	60
Belle écaillère, par Gabriel.	60
Le Pré-aux-Clercs, par Planard.	60
Marie Stuart, par Lebrun.	60
Vert-Vert, par Leuven et Desforge.	60
L'Homme au masque de fer, par Arnould et Fournier.	60
Jeanne d'Arc, par Davrigny.	60
Deux Gendres, par Étienne.	60
Abbé de l'Épée, par Bouilly.	60
La Fille d'Honneur, par A. Duval.	60
Clotilde, par F. Soulié.	60

Etc., etc. Voir la couverture de cette pièce.

www.ingramcontent.com/pod-product-compliance
Lightning Source LLC
Chambersburg PA
CBHW060504050426
42451CB00009B/816